積木定製
時間管理法

江嵐，韓老白　著

把「消失的人生」
還給媽媽

善用科技思維、細化大目標、
擺脫「育兒依賴」，
別凡事都往自己身上攬，
孩子和事業可以不兩難！

TIME MANAGEMENT OF
WORKING MOMS

◆職場媽媽最佳神助力，平衡繁忙的工作和家庭生活
◆利用專屬一小時提升自我價值，實現高效目標管理
◆掌握「多事務並行」處理技巧，生活秒變井然有序

定製個人化時間管理方案，集中每個零碎片段取得最佳結果！

目錄

前言
用積木定製時間管理法，幫職場媽媽留給自己一小時

第一章
請職場媽媽給自己留點時間

目錄

第二章
圍繞階段性目標確定優先順序，先完成優先事項

第三章
多事務並行應對工作生活雙重挑戰

目錄

前言
用積木定製時間管理法，幫職場媽媽留給自己一小時

　　記得在孩子還小的時候，有一次發高燒，凌晨 3 點，我和丈夫穿著拖鞋、睡衣，亂著頭髮，抱孩子叫車去醫院。經過掛號、問診、取藥、打針等一整晚的折騰，孩子不停哭鬧，轉眼就到了早上 7 點。

　　上午 8：30，一個非常重要的會議等我列席，在未能獲得批假的情況下，只能趕緊讓我爸送來一套衣服，在醫院的洗手間更換，簡單梳洗之後就急匆匆出發。

　　疲憊不堪的我，心中湧現出太多心酸和無奈。我憋住眼淚，在公司樓下的咖啡店靜坐片刻，調節情緒，開始投入緊張的工作中。下班後，惦記著孩子的身體，第一時間又打車奔赴醫院，安撫家人。

　　作為職場女性，這樣的場景，妳一定很熟悉。類似的突發狀況一襲來，所有的生活狀態、時間安排都隨時之改變。

就算妳三頭六臂也做不完所有事情

「時間」這個詞，對於女人來說，沒有成為媽媽之前，或許意味著「有夢可做」，一旦成為了媽媽就變成了「有事得做」，尤其是職場媽媽。

正是這樣一群工作和家庭兩不誤的普通媽媽，承受著史無前例的壓力。一方面要在社會上努力展示自己的才華，完成工作挑戰，另一方面，要在家庭中運用自己的智慧，經營親密關係，孝順長輩，培養後代。

習慣了終日在各種角色中無縫銜接，恨不得把每一分每一秒裡都瓜分清楚，按照計畫表，推進一件、解決一件、天哪，怎麼又多了一件！心情隨時在驚心動魄、火燒眉毛的節奏中沉浮起落。

忙到飛起的時候，真想原地變身為《西遊記》的「孫猴子」，不是因為能火眼金睛，瞥一眼就洞穿真相，而是羨慕他有三頭六臂，揮一揮手就解決了好多難題。

職場媽媽的困局在於，即使妳有三頭六臂，也做不完所有的事情。瑣事匯成汪洋，稍微一停歇，感覺自己就會被淹沒。每日睡覺之前，忍不住想一想，盡是辛酸，一日 24 小時，竟沒有一個小時是為「自己」而活。

成為「妻子」、「母親」之前先成為自己

女性一生要扮演的社會角色眾多，與生俱來就是父母的「女兒」，然後選擇成為某人的「妻子」，繼而勇敢變身「媽媽」。與此同時，走進職業賽道，作為「職員」，也擔任「主管」等。

「職場媽媽」這個角色的背後，是新時代女性對自我的超強鞭笞，是有限精力的無限分割。這也意味著處於諸多角色的叫囂聲中，「自己」這個角色最先被放棄。安靜片刻喝杯茶、冷靜一刻化個妝，如此稀鬆平常的事情，都成了奢望。

「我太想把一切做好了，真的沒有時間當『自己』！」無數女性在奔潰的邊緣，吶喊出了自己的心聲。

曾經的我，如同妳們一樣，日日面臨「時間不夠用，事情太多」的時間管理難題。

那個時候孩子剛出生不久，生活工作一片狼藉，終日忙忙碌碌，睡眠不足，完全沒有時間去堅持自己的讀書愛好以及參與其他活動。長期以往，這種忙碌、沒有自我的狀態引發了全身心的疲憊，情緒也受到了影響，時而暴躁時而憂慮，焦慮不已，丟三落四。

實在不甘心自己陷入了生活失控、時間無序的狀態，我索性一口氣買了上百本書籍來研究時間管理。書讀了，也按

照不同方法，一一去踐行，然而事與願違，早上信誓旦旦把計畫表寫好，中午被孩子一個哭聲，立刻就打回了原地。

心態一邊崩塌，一邊重建。畢竟作為職場媽媽，我不堅強，誰來替我堅強。

與日俱增的挫敗感，讓我越挫越勇，生活還得繼續，工作還得推進，迎著局促和窘迫乘風破浪。整整大半年沒有什麼進展。時間管理，對於職場媽媽來說，難道是個假議題？

偶然在一次陪伴孩子玩積木的過程中，靈感迸發。

不知道，是實踐久了，還是讀過的書起了作用，突然認識到了時間是一個固定值，只有像搭積木一樣，巧妙排列組合，組成我們想要的形狀。這儼然是最好的時間管理解決之道。

圍繞著這個理念，結合不停試錯得出的經驗，創造了一個專屬於職場媽媽的時間管理法——「積木定製時間管理法」。

用這個方法整理時間，每日強行為自己留出一個小時，用來閱讀，用來寫作，跟自我相處。儘管只是短短的一小時，卻讓我得以保留自由，享受生活，從而心平氣和地面對家庭和工作瑣事。

這個方法，起初只是分享在社群網站，後來口口相傳，得到了越來越多職場媽媽的喜歡和效仿。大家成立了線上社

群,一起分享著彼此的時間管理成長心得,也用自身的生活實踐驗證了這個方法的可行性。

我當初也一直很困惑,為什麼市面上那麼多的時間管理方法,卻不適用「職場媽媽」呢?

一談到「時間管理」,所有人都強調效率,不停追求把事情妥當的分配,以期待擠壓出更多的時間來,這樣的後果是,沉迷於創新和應用各式各樣的時間管理工具,卻違背了時間管理的本質 —— 管理目標。

職場媽媽由於角色的多樣化,事情瑣碎又繁雜,永遠都做不完。與其積壓自我,去爭取更多的時間完事,更應該去管理目標,攻克重點。想處理好時間問題,其實就是認清楚問題的核心 —— 一個強大的自我。

積木定製時間管理法讓妳聚焦妳的大目標,當妳要自我提升時,就會想方設法為自己留出時間來。把時間像積木一樣搭建成妳想要的形狀,把生活像積木一樣定製成妳喜歡的模樣。

積木定製時間管理法的使用方法

職場媽媽的時間管理迷思:1、追求面面俱到。2、事情太多,沒有頭緒。3、重視別人,忽略自己。4、焦慮感太重。5、碎片化時間無法利用。6、沒有陪孩子,心裡愧疚,陪孩

子時又不能專心。

「積木定製時間管理法」就可以幫媽媽們避開這些地雷，透過用積木排列來整理自己的時間對應狀態，可以清晰了解到自己的時間使用現狀，發生當下的問題。

同時，它也是一套千人千樣的客製化時間管理方法。使用這套方法，妳可以根據妳的階段性大目標定製出當下自己最契合的時間安排。

首先我介紹一下積木定製時間管理法的策略地圖，在這張地圖上我們歸納了積木定製時間管理的內容精髓。它的四個步驟以及流程方法。這個地圖讓妳一目了然。

積木式時間管理策略地圖（獨家版權）

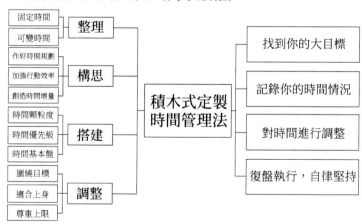

圖 1

01 積木定製時間管理的四個步驟

這個方法分為四步，分別是：

步驟一，整理時間。想要改變，首先是對自己的時間使用狀況有一個充分的了解。

在整理的過程中，有學員會分享，有些事項嚴重浪費時間又毫無益處，比如玩手機；有些事項，可以合併去做，比如聽電子書＋做寶寶輔食；還有學員會發現自己對時間太敏感，時間顆粒度劃分太小，比如用「15 分鐘」作為一個度量單位，導致每日心情都很焦慮，工作效率也低下。這些問題，都是透過在「整理時間」的過程中發現的，找準了問題，才能有的放矢，針對性地構思時間的時間。

步驟二，構思時間的安排。有些學員回饋，存在想像的空間，導致時間的分割太過緊密和完美，但卻無法具體實踐，這個時候，則需要自己在了解自己的基礎上，運用合適的工作，去測量和記錄。

步驟三，搭建時間資源。在有多少時間資源和多少必須要做的事項之中，充分調配好計畫，用行動去使構思成功，依照方案去具體實施。

步驟四，磨合和調整的環節。多次使用這個方法之後，會「因地制宜」，個性化設置時間。

02 積木定製時間管理的工具包

　　積木定製時間管理步驟的正確操作，能夠幫助我們合理地運用這個方法，從而有效管理時間。同時，我提供了一個方便實用的工具包。

　　以下是我們的積木定製時間管理法卡片，透過卡片的正面整理好妳現有的時間：

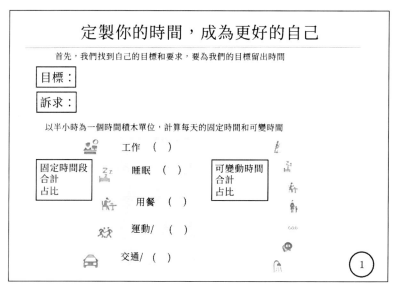

圖 2　積木定製時間管理法卡片－正面

透過卡片的反面歸納出妳新的時間特點。

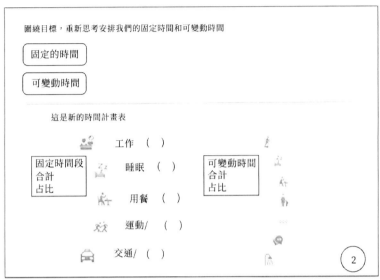

圖 3　積木定製時間管理法卡片－反面

　　大家可以完成卡片內容填寫後，列印製作出來作為約束自己的一個工具。

　　另外是配套的 4 張表格，我們的時間管理清單。

　　表 1 是樹立妳的大目標，我們透過目標的設定，目標三個動作的分解以及目標規劃時間的投入，來確定我們需要加入的時間積木塊。

前言　用積木定製時間管理法，幫職場媽媽留給自己一小時

表 1　大目標確定表

整理你的目標	
①列出你現階段最關注的一件事	
②拆解出不超過三個行動	
③預估每天投入在行動上的時間	
我最關注的事情是：	
為了達成 ＿＿＿＿＿＿	
我準備每天 1＿＿＿ ／ 2＿＿＿ ／ 3＿＿＿	
（按半小時計量）	
我準備每天投入 ＿＿＿ 在 1＿＿＿ 上	
我準備每天投入 ＿＿＿ 在 2＿＿＿ 上	
我準備每天投入 ＿＿＿ 在 3＿＿＿ 上	
合計 ＿＿＿＿＿＿	

　　表 2 是我們的現有時間記錄表，透過這張表，妳用一段時間的記錄來了解自己時間的使用情況。

表 2　時間整理表

序號	時間段	類別	事項	內容
1	8：00～8：30	固定	交通	搭車去公司
2	8：30～9：00	固定	工作	晨會
3	9：00～9：30			

4	$9:30 \sim 10:00$			
5	$10:00 \sim 10:30$			
6	$10:30 \sim 11:00$			
7	$11:00 \sim 11:30$			
8	$11:30 \sim 12:00$			
9	$12:00 \sim 12:30$			
10	$12:30 \sim 13:00$			
11	$13:00 \sim 13:30$			
12	$13:30 \sim 14:00$			
13	$14:00 \sim 14:30$			
14	$14:30 \sim 15:00$			
15	$15:00 \sim 15:30$			
16	$15:30 \sim 16:00$			
17	$16:00 \sim 16:30$			
18	$16:30 \sim 17:00$			
19	$17:00 \sim 17:30$			
20	$17:30 \sim 18:00$			
21	$18:00 \sim 18:30$			
22	$18:30 \sim 19:00$			
23	$19:00 \sim 19:30$			
24	$19:30 \sim 20:00$			

前言　用積木定製時間管理法，幫職場媽媽留給自己一小時

　　表 3 是時間調整表可以幫助妳去整理妳的時間，就是妳現有時間和未來時間的調整，在這張表得到展現。

表 3　時間整理表

整理 —— 填充 —— 調整			
①將可變時間進行整理，找出可調整的時段。			
②將為了大目標而計劃產生的時間填入。			
③如時間不夠，對於時間項目進行全部調整，確保大目標實現的時間，直到可以有大目標的時間。			
現有時間		調整後時間	
積木塊數量	用途	積木塊數量	用途

　　表 4 是時間復盤表，妳用積木定製時間管理法擬定的新的時間管理，是否達到了效果，是否能夠滿足妳的需求，那麼透過時間復盤能夠更好的了解。

表 4　時間整理表

以「週」為單位，對於每天實際的時間情況進行檢查復盤，確保按照既定目標實施。			
類別	事項	計畫	實際

　　4 張表是我們的積木定製時間管理法 4 個重點步驟的配套工具，透過整理、構思、搭建和調整，讓妳的時間方案更符合妳的需求。

　　時間管理不是一蹴而就，也不是千篇一律的。積木定製時間管理法的優點在於，它不局限於一種標準方案，而為大家提供了一個工具化的解決方案，引導使用者樹立一個目標導向的時間觀，讓妳能夠根據妳的實際情況去整理出當下妳的時間，配合時間安排表。

　　時間管理的藝術永無止境，我們透過掌握工具做好日常的時間管理，給自己製造一個時間上的安全感，是為了給自己留一個緩衝期，一旦遇上突發的狀況，能更從容和理智地應對。

　　因此，大家在研究時間管理的路上，一定要耐住性子，不停摸索和實踐。

職場媽媽之路，與妳們共同成長

　　從單身青年到如今的職場媽媽，經常有朋友諮詢我這一路蛻變的心得，也希望我把經驗分享出來。

　　出版一本書的念頭愈加強烈，直到接到出版社的編輯約稿時，圖書出版的夢終於要落地生根了。秉承一顆愛分享，樂助人的心，我把多年時間管理的感悟、經驗、理念及案例集結成冊。

　　寫書的過程中，也無數次問自己，這本書的價值和意義在何處？

◆ 第一，分享我的故事，激勵妳的人生

　　作為曾經的世界 500 強高管，職場媽媽，也曾面臨工作和家庭難以平衡的困境。長達 10 餘年的時間管理研究成果，讓我本人收穫了很多。

　　這些年，在工作上做到了遊刃有餘，而且家庭生活也處理得非常和諧，同時，我不斷學習提升自己，是一年讀書上百本的讀書達人。也成立了自己的「時間管理班」，帶領一群志同道合的夥伴學習時間管理。

　　這套積木定製時間管理法幫助了我，也幫助過無數學員們。希望書中的時間管理方法和故事，真心能夠給妳一些啟發。

◆ **第二，女性自強，是家庭和職場強大的基礎**

　　時間管理一直是職場女性的大難題，對於職場媽媽來說，更是如此。很多女性一成為「母親」就被困在時間困境中，意志消沉。

　　職場媽媽透過學習積木定製時間管理法，找到對時間的掌控感，對生活和工作的滿意度會直線上升，提升了自我接納的可能性，勇於找尋職場的更高目標，實現自我追求。

　　同時，媽媽是家庭的軸心，是黏合劑，承擔一個家庭的主心骨作用。如果媽媽們，都能掌握這個時間管理法，巧妙地為「自己」多爭取一個小時，相當於普通家庭又多一個開啟幸福的鑰匙。

◆ **第三，女性的困境和成長，需要更多人看見**

　　有很多職場媽媽會被周邊人說，妳都當媽了，為什麼還要怎麼怎麼樣？這個時候，我總想回嗆一句，「我們每個女人都有追求自我的權利」。

　　是的，在成為任何其他人期待妳成為的角色之前，女性有權利先成為「自己」。

前言　用積木定製時間管理法，幫職場媽媽留給自己一小時

　　每天 1 小時，不算多，看起來發揮不了什麼大作用，也沒有人關注。但一個女性一年就多了 365 個小時，那無數女性的一個小時，會匯聚成一股多大的力量呢？透過這一點點的改變，讓女性的「自我」在社會文化、家庭教育以及現實的一些社會中都得到更多的尊重和展現。

　　女人們，請勇敢地、智慧地為自己爭取這「一小時」。妳們的困境和成長，每一段時光都在見證。

　　最後，非常感謝各位讀者和粉絲們對我的支持，沒有你們的支持就沒有這本書的誕生。我衷心希望我們自己、我們身邊的每一個女人，都能活得優雅自如，充滿信心的面對生活和工作。

　　祝福你們，謝謝大家！

第一章

請職場媽媽給自己留點時間

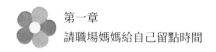

第一節
── 工作家庭都要管，當媽肯定累 ──

01 妳不是脾氣大，妳只是太累了

在網路上看到這樣一個提問：當媽後妳活成了什麼樣？

讚數最高的回答，讓人心頭一酸：我活成了自己最討厭的樣子。婚前淑女，婚後潑婦，老公孩子見到我都繞道走。

其實妳不是脾氣大，妳只是太累了。我們這個時代的女人比任何一個時代更累。

家務事，承擔了絕大部分、甚至是全部，照料孩子一刻也不能鬆懈，陪寫作業、陪上興趣班，陪做手工、陪玩、陪聊……同時我們還得是一個好妻子、好女兒、好兒媳、好廚師、好保母……常常身兼多職，還得十八般武藝樣樣精通。即便已經「累成了狗」，仍然需要努力工作，為家庭貢獻一份收入的同時，也給自己一份不可替代的安全感。

之前網路上曾流傳一張職場媽媽如同打仗般的一天行程表：

6：30，起床，花半個小時盥洗化妝。

7：00，開始叫孩子起床，從低聲細語到大聲咆哮，才終於把孩子從被窩里拉出來；7：40，穿好衣服、洗漱完畢磨磨蹭蹭出門時，孩子的起床氣還沒消。

送完孩子，開車上班。起了個大早，還是趕上了塞車尖峰，到公司門口打卡時，8：59，好險還有一分鐘就遲到了。

9：00 ～ 18：00，工作，討好上司培養下屬，中間還不時看看手機，萬一幼稚園老師聯絡呢？

18：00，工作還沒完，但是得先回家接孩子。接回家後，匆匆忙忙準備晚餐，然後陪玩，中間還得抽空回覆一下上司和客戶的 LINE。

21：00，讓孩子盥洗乾淨，上床，開始講晚安故事。

22：00，孩子終於睡著，差點把自己也哄睡著了，掙扎著起來加班！

24：00，洗完澡，終於可以把自己放倒了。

滿滿一頁，寫出了媽媽的辛酸史。這位媽媽把 24 小時活生生過出了 48 小時的效果，卻猛然發現，沒有 1 個小時是屬於自己的。

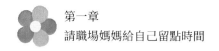

可氣的是，整個過程中，「爸爸」兩個字出現的頻率少之又少。

當了媽的人都知道，這個時間表一點也不誇張，而且被家庭和工作侵占的時間，只會多不會少。

之前曾經在社群平臺刷到過一則公益廣告，影片中記錄職場媽媽簡小姐普通的一天，卻看得無數人流淚。

天還沒亮，房間裡已是職場媽媽忙碌的身影。

每天起床的第一件事就是照顧寶寶，餵奶、換尿布、做輔食。

匆匆趕到公司，因為沒能提前打卡，在上司的眼神中，戰戰兢兢落座，開始一天繁忙的工作。可是無論多忙，都忍不住打探孩子的狀況。

孩子不肯吃飯，婆婆打電話給簡小姐，但簡小姐正在開會，婆婆氣憤地抱怨，沒什麼比寶寶更重要。

女主角簡小姐說，沒當媽之前，絕對想像不到現在的生活。晚上照顧寶寶，白天公司上班，24 小時連軸轉。睡覺變成一種奢侈，想不起來連續睡 3 個小時是什麼感覺。公車上，一下子就能睡過站。

曾任職蘋果公司的安琪拉·阿倫茲就曾經說過，自己每天只能睡 6 個小時，凌晨 4 點半就要開始工作。每週只有一天晚上可以外出，甚至為了陪伴孩子，錯過了奧斯卡頒獎典禮。

菁英女性尚且如此，何況普通人。

英國一個床墊品牌曾經在世界範圍內針對 1.5 萬人做過一項調查，結果發現：77%的調查對象睡眠不足，其中四分之一的媽媽每天的睡眠時間低於五小時，遠低於醫生建議的合理睡眠時間。

網路上一直流傳一則笑話：如果一個女性朋友不再聯繫妳，那麼只有三種可能：一是她死了，二是她當媽了；三是她孩子到了學齡了。

當媽的世界，只有「忙」和「更忙」、「睡眠不足」和「嚴重睡眠不足」的狀態。

無論是全職媽媽還是職場媽媽，不管白天是料理家務還是上班，晚上週末都需要陪伴孩子，一點自己的空間都沒有，孩子不聽話時，自然忍不住想要教訓幾句，誰不想當一個好媽媽，到頭來卻發現自己好像什麼都做不好。

02 員工、主管、媽媽、保母……角色可真多

當了媽之後，我聽過最大的謊言就是：家庭與工作可以平衡。因為，這基本不可能做到。哪來所謂的平衡，只有不停的取捨而已。

從來沒有人，會抓住一個男人問：家庭與事業如何平衡？

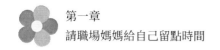
　　對男人的期待只需要他事業成功，而對女人的期待，既要當個好媽媽，又要有事業，同時還要美美美。

　　在傳統婚姻模式裡，媽媽永遠是生活和育兒的主角，卻是價值體系裡最被忽略的配角。許多媽媽已經被工作，家庭這兩座大山壓得抬不起頭來，卻仍覺得自己對不起孩子。

　　曾經看過一個全職媽媽的自我評價問卷調查：80%的媽媽都覺得自己不夠好，甚至不及格。

　　有一位職場成就很高的媽媽，即使事業上成功，也避免不了對於孩子關懷的缺失：

　　我作為一個職業女性、一個媽媽，我有過很長時間的困惑，這種困惑到現在依然存在。當我收拾行李要準備出差的時候，我覺得我做了一件對不起孩子的事。他們小時候，我就一直問他們這個問題，媽媽是不是出差太多了？是不是應該減少一點？你是不是覺得媽媽不在乎你？或者說你能知道媽媽特別特別愛你嗎？

　　人們常常用超人來形容母親，這是光環，也是枷鎖。

　　看似承載著世界上最多的讚美，實際上卻把女人套在自我犧牲的牢籠，在日復一日的操勞裡迷失自己。

03 當媽後，我的時間去哪裡了？

有調查研究顯示，媽媽的性格與脾氣，會直接影響孩子的心理發育。媽媽情緒溫和，孩子性情自然也就平和；媽媽如果情緒暴躁，孩子遇事也難免心浮氣躁。

如果媽媽懂得放慢腳步，放下焦慮，給忙碌的生活留白，那才是真正的解脫。

沒有完美的妻子，也沒有完美的媽媽，太完美的未必是最好的。

感到煩躁不安時，我們也可以出門逛逛街，和閨蜜聊聊天；感到疲憊無比時，我們當然能像爸爸一樣躺在床上歇一歇；感到生病難受時，不如好好養一養，讓孩子爸爸去管孩子。

如果我們能夠看到自己的疲憊不堪，放下完美媽媽的枷鎖，就會發現，原來 60 分媽媽也很優秀。

傾聽自己內心的聲音，接納自己的情緒，不必挫敗，也不必抗爭。

學會與自我和解，給爸爸一個參與的機會，也給彼此留下成長的空間，未嘗不可。

媽媽不是超人，只是一個凡人，也會疲勞，也會煩躁，累的時候就休息，不必勉強自己，也不必盲目逞強。

告訴自己，生而為人母，妳已經很偉大，妳的每一分付出，都是無價之寶。

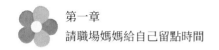
　　一天 24 小時，抽出 1 個小時，把那 1 個小時留給自己，放鬆充電，怎麼都好。

　　只有媽媽的心不累，給予孩子的才是真正有價值的陪伴。

　　（24 小時看起來很多，但是抽出 1 小時並不容易，用積木定製時間管理法可幫助妳保留 1 小時給自己，重點在於定製。）

小調查：了解妳的時間狀態

- ◆ 很多任務無法完成：明明 24 小時忙得團團轉，妳仍然覺得事情做不完？
- ◆ 提升效率賦能：妳是不是跟風下載了一堆效率軟體，做事情依然沒效率？
- ◆ 碎片時間多：妳是不是無法擁有完整的時間？孩子總是來打擾妳？
- ◆ 行動力不足：妳是不是永遠計劃太多，行動太少？
- ◆ 每一種狀態，妳都能在本書找到解決方案。

第二節
──── 職場媽媽更加需要有自己的時間 ────

　　近日有一家人力資源公司針對職場媽媽的事業和生活狀況等問題進行了一輪調查研究。

　　其調查報告結果顯示，職場媽媽業餘時間全身心投入家庭，每天平均 3.17 小時，近 8 成的職場媽媽帶孩子都是親力親為。

　　而另一份《職場媽媽生存現狀調查報告》指出，有 65%的受訪職場媽媽認為自己有潛在的憂鬱傾向。

　　職場媽媽的日子有多難？

　　接送陪伴一樣少不了，孩子睡了，還得準備第二天的飯菜，洗衣打掃，繼續趕工作。

　　許多家庭中，爸爸就像個隱形人，他們工作，週末還能休息，媽媽卻是零薪酬、全年無休。

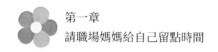
但是，媽媽不是超人，她也會累，會疲憊，如果能做一個心情愉快、溫柔可人的公主，誰願意做一個陰晴不定、氣急敗壞的怨婦。

美國作家瓊・安德森（Joan Anderson）在《好女人，蹺家去》（*A Weekend to Change Your Life*）中宣導媽媽們，給自己一點小假期。

她說，一年有 8,700 個小時，妳卻連幾個小時不能留給自己恢復元氣，那也太可憐了。

女人除了是媽媽，是妻子，也是自己，給自己一點時間，哪怕每天半小時，做些喜歡的事情，會會友、唱唱歌、練練瑜珈、看看書，心情也會愉悅很多。

01 生活壓力需要時間消化

之前很流行一段話，中年男人下班回家後，且不上樓，會默默在車裡坐一會兒。靜靜地聽聽音樂，或者閉著眼睛休息。白天是工作，晚上是柴米油鹽，面對職場壓力、孩子的成績、房貸車貸、嘮叨的妻子……他們被壓得喘不過氣，所以需要「自己的時間」。

看完之後，感覺很費解。

為什麼沒人說，媽媽們也渴望能有「自己的時間」呢？

在一個家庭中，很多女性既是保母，又是司機，還是家庭教師、保潔工……媽媽們全年無休，身兼數職，孩子還小的時候，甚至連個完整的覺都睡不了。

除了媽媽，還有什麼職業能讓一個人放棄自己的寶貴時間、超負荷「加班」，還樂此不疲呢？

但很多時候，媽媽的付出卻吃力不討好，丈夫孩子都嫌棄自己，家裡時常雞飛狗跳。把自己完全犧牲掉的媽媽，成為了一個家庭的巨大壓力。

一個滿腹委屈內心苦痛，得不到家人支持和理解的疲倦媽媽，就會成為一個充滿負能量的低氣壓。

事實上一個好的媽媽，首先是一個好的自己。每個人都應該有屬於自己的私人空間和時間，這是對自己，也是對旁人的負責。

智慧的媽媽，張弛有度，懂得給自己放假，讓時間消化生活的雞零狗碎。

02 情緒問題需要時間整理

心理學博士洪蘭研究指出，從人類演化角度，女性的情緒能量遠遠超過男性，母親是家庭的靈魂，母親快樂全家快樂，母親焦慮全家焦慮。

韓國電視劇《今生是第一次》中，說了這樣一個故事：

　　一個大家眼裡的賢妻良母，她最大的願望，並不是打理好家庭，而是擁有一個私人空間。

　　一天，她瞞著家人去旅館裡，長租了一個房間。每個月，她都會去那裡待一段時間，什麼都不做，只是待著，就覺得很自在，像做回自己。

　　後來，當丈夫發現這個祕密房間時，妻子寧願說自己出軌了，也不願出賣這個祕密基地。

　　事實上，當我們過度地專注於家庭時，就會出現一種假象：必須一味付出，才算盡職盡責。時間久了，自己透不過氣，還毫不自知，最後壓力過大，心理失衡。

　　聰明的媽媽，懂得在為家庭付出之前，給自己留出一點時間，好好愛自己。

03 培養愛好利於身心健康

　　中國綜藝《朗讀者》和《中國詩詞大會》持續備受好評，主持人董卿的學識和才華被網友稱道。

　　然而站在舞臺上優雅靚麗、幹練別緻、金句頻出的董卿，最令我欣賞的是她作為母親的身分。

　　初為人母時，她所有的時間被孩子占據，孩子的完全依賴，讓她千頭萬緒地忙亂。即使這樣，她仍然抽空投入《朗誦者》的籌建中去，身分是製片人。

「在母親和妻子的角色之外，妳還能成為誰，這才能決定妳人生的高度。」

有時為了工作長達兩週見不到孩子，董卿也在工作與情感中陷入兩難。最終她選擇忍受與孩子的分別之苦，頂著製作節目的種種壓力，只因為身為母親的她心中有一個信念——「妳想讓孩子成為什麼樣的人，很簡單，妳就去做一個什麼樣的人」。

她希望努力把自己變得更好，讓孩子在未來真正懂得的時候，可以對自己有愛、有尊敬。保持學習力，不斷進階、強大，讓人生變得豐盛，也給孩子做一個好榜樣。

04 職場媽媽也要有自己的閨蜜圈

網路上看到有個爸爸，每週六獨自帶孩子上才藝班，其他媽媽看到，好奇地問：孩子媽媽呢？

他解釋，每週六給媽媽放一天假，讓她出去聚聚會、散散心。

他說：長期帶孩子的人，神經緊繃，處於高強度、高焦慮狀態，看到她從工作和家務中解脫出來，神采奕奕地出門，開開心心地回來，作為丈夫也挺有成就感。

一個好的媽媽首先是自己，其次才是媽媽。我們是一個

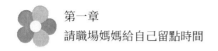
獨立的、鮮活的、有自我的人,而不是面目模糊的「某某某的媽」。

其實現在,許多媽媽們會選擇每年約上閨蜜「翹家度假」一兩次,這已經成為一種既時尚、又健康的生活方式。

約一幫閨蜜,找一個忙裡偷閒的週末,不帶孩子、不帶老公,穿上壓箱底的大長裙和高跟鞋,去某個角落來一場致青春式的行走、嬉鬧和夜聊……

如果做不到出去玩耍,我們可以每天為自己空出一個小時,在那一個小時,不再扮演媽媽、妻子、女兒的角色,只做自己,只為自己而活。

我們不僅是媽媽,更是我們自己。

每個我們,都是一個獨一無二的自己。

願妳眼中有光,做一個優雅的媽媽。

小練習:找一找妳的一小時

請回答以下問題:

- ◆ 妳有沒有屬於自己的一小時?
- ◆ 妳是否需要每天花一小時給自己?
- ◆ 那妳打算把這個小時安排在什麼時間段?
- ◆ 怎麼多出一小時,請參考前言〈積木定製時間管理法的使用方法〉。

第三節
—————— 如何擁有自己的一小時 ——————

01 時間有限，別以為自己萬能

對職場女性來說，就算不斷對事業和家庭進行取捨，還是很難同時交出兩份令人滿意的答案卷。

在臺灣，幾乎所有的女性都有工作。在睡眠時間已經被極端壓榨的前提下，大多數女性很難擁有屬於自己的時間。

事實上，大部分職場媽媽都曾有過「被榨乾」的體會。身體和精神上的疲倦同時困擾著她們。大量重複的勞動、缺乏完整的睡眠很容易使她們感到精疲力竭，彷彿身體都被掏空。

生活和職場都不停地向女性索取時間，這帶給女性巨大的焦慮和壓力。當女性失去了完全屬於自己的時間，也就等同於失去了對生活的自主權。

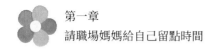

壓力越大,越需要時間來化解壓力。

壓力對女性危害非常大,可能導致記憶力下降,憂鬱,甚至便祕。科學研究顯示,壓力會產生胃酸,進而導致痙攣、腹瀉、刺激性腸炎。壓力還會影響消化道和腸道對營養的吸收,因而造成便祕。

職場媽媽一定要留一點時間給自己,用來緩解生活帶來的壓力。冥想也好,運動也罷,哪怕什麼也不做,徹底將大腦放空,也很好。

人生如同作畫,需要有一點留白,才會更美。

透過用積木排列來整理自己的時間對應狀態,可以很好的了解自己的時間使用情況和問題。如果把時間視為積木,那麼妳需要騰出一些時間積木,留給自己。

02 無法掌握時間容易憂鬱

除了生活壓力外,職場媽媽往往還不得不承擔來自職場跟家庭雙重的情緒壓力。

蜜雪兒·歐巴馬身為前美國第一夫人,也擁有這樣的煩惱。

她跟歐巴馬結婚後好幾年,一直沒有懷孕,於是透過試管嬰兒的方式生下兩個女兒。沒多久,歐巴馬開始從政,因為工作繁忙,不能一直陪著她和孩子。

　　蜜雪兒的情緒變得十分低落，她剛剛從一份兼職工作轉到全職上班，為此還專門僱了一個保母幫忙，可是仍然於事無補。

　　歐巴馬總是晚歸，蜜雪兒打電話過去，他總是回答快到家了，可是卻遲遲不見人影。蜜雪兒試著延後孩子的入睡時間，好讓她們能得到爸爸的一個擁抱，卻每每不能如願。

　　長期這樣的生活帶給蜜雪兒極大的精神壓力，以至於她甚至不得不找婚姻顧問做諮詢。

　　比起生活的壓力，情緒問題才是更致命的。根據《職場媽媽生存現狀調查報告》顯示，高達 65％的職場媽媽認為自己有潛在的憂鬱傾向，有超過八成職場媽媽對孩子有愧疚感。

　　耶魯大學的精神病學家、精神分析師芭芭拉‧阿爾蒙德（Barbara Almond）在自己的著作中也強調：在女性作為一個母親的漫長過程中，她們會不斷在正面和負面的情感中掙扎。她們會體會到嫉妒、憤怒、失落、孤獨等負面情緒。而糟糕的是，很多人會反射性地認為這些情緒不應出現，更不能被表達出來。她們會不自覺地壓抑這些負面情緒，避免對孩子表達出來。

　　正是因為如此，職場媽媽的情緒疏導才更為重要，負面情緒長期得不到釋放會變成憂鬱傾向。

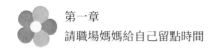
情緒問題尤其需要女性花時間去釋放和排解。

職場媽媽需要學會主動按下暫停鍵，停下來，慢下來，學會審視自己的情緒，看看到底哪裡出了問題。

情緒問題永遠只有先被看到，然後才能被解決或者疏導。

屬於自己的一個小時，因此變得至關重要。

而積木定製時間管理法，重點正是在於先留出屬於自己的一小時，然後再來安排自己的定製時間表。

只有先留出屬於自己的那塊積木，剩下的所有積木才會變得更有意義，生活才會更有滋味。

03 如何找到自己的一小時

既然屬於自己的時間如此重要，那麼這寶貴的 1 小時從何而來呢？人們總說時間就像海綿，擠擠總會有的，那到底怎樣擠才能擠出一小時呢？

這其實跟每個人的時間感很有大關係。

有些人的時間以天為單位，日子一天天過，有什麼任務都按照天來安排，今天做這個，明天做那個；有些人的時間以半天為單位，上午做家務，下午逛街，一天就這麼過去了；有些人的時間以小時為單位，這個小時輔導孩子做作業，下個小時做飯；有些人的時間以 10 分鐘為單位，如果抓

緊一點，10 分鐘能夠做很多事了。

如果把時間比喻成顆粒，那麼以天為單位安排任務的人顆粒就很大，而巨大的顆粒也意味著很難擠出空來，畢竟對於職場媽媽來說要騰出一天來休息確實很難。但如果把時間的顆粒進行細分，變成 30 分鐘一顆，10 分鐘一顆，那麼擠出時間就會變得輕而易舉。

如果我們把家務按照 5 分鐘、20 分鐘的小任務來完成，那麼是不是就能擠出一些閒置時間了？畢竟用一個小時做飯和花 50 分鐘做飯聽起來區別不大，但後者可是平白多了 10 分鐘呢！

考慮到大部分普通學員的實際情況並方便統計，在積木定製時間管理法的學習使用中，一般是以半個小時為時間單位來進行整體的時間整理。由此我們可知，屬於自己的一個小時，就是由兩塊半小時的積木拼接而成。

完整的 1 小時從哪裡來？除了細化時間的顆粒，還有很多方法可以找到屬於職場媽媽的一個小時。

比如學會多工並行。這招對於下班後需要做家務的媽媽特別有效。想一想有哪些任務可以同時進行，節省下來的時間集中到一起，就能湊出 1 小時了。

思考一下，妳是「貓頭鷹」型的夜貓子，還是「百靈鳥」型喜歡早起的人？

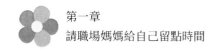
　　喜歡熬夜的人可以充分利用孩子入睡後的時間，放鬆一下，給精神做一個 spa。

　　喜歡早起的人可以提早 1 小時起，理清一天要做的任務清單，喝一杯咖啡，一天都會十分有精神。

　　也可以利用送完孩子後提早到公司的時間，趁著同事還沒上班，先把工作安排好，這樣能盡量避免加班。

　　又或者週末午後，安排孩子跟爸爸來一個「父子專屬時間」，既能培養父子感情，又能「偷來浮生半日閒」。

　　只要妳想，時間總能擠出來。

小練習：時間觀念調查表

- ◆ 妳通常用什麼時間為單位來安排任務？
- ◆ 妳是否經常有意識地安排多工並行？
- ◆ 妳會浪費早起的時間跟睡前 1 小時嗎？
- ◆ 妳是否會有意識地安排家人幫妳帶一下孩子？

　　工作上的事、家務、帶孩子、自己的休閒娛樂、學習新鮮事物。試著把以上這些內容做一個優先順序排序。

第四節
用好一小時豐富妳的人生

上一篇我們說了，媽媽們每天需要一小時，只做自己，只為自己而活。有很多媽媽表示，自己已經忙碌太久了，不知道空下來的一小時該做什麼？下面，為大家推薦了幾種方式，希望可以予以啟發。

01 一小時學習充電，助力職業發展

在一個親子節目中，一個四年級男孩吐槽媽媽的片段，引發了很多人的深思。

「我媽媽讀書太拼了，簡直讓我自愧不如。我好不容易見到妳一次，妳還是要學習。妳本來還會陪我打羽毛球，但是現在，妳為了學習，再也沒陪我打過羽毛球了……」

男孩越說越激動，最後他大聲問媽媽：「老媽，到底是學習重要，還是妳兒子重要啊！」

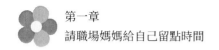

聽到男孩的痛訴，妳是否覺得這個媽媽也太自私了？可是，媽媽的回答卻令人為之動容。

她首先告訴兒子：「媽媽可以跟你說，兒子最重要。」

看到兒子露出的笑容，她繼續說：「我們是一個團隊，就要一起合作，因為媽媽覺得你最重要，所以我要跟你一樣學習。我是在我兒子身上，看到了一個學習的風采，所以媽媽才要這樣去努力的。你能明白嗎？」

就像那個陪女兒寫作業，卻不忘精進自己，考出了教師資格證的李媽媽。

她說：「每天陪女兒做作業的時候，自己也捧一本書來看，陪女兒學習的過程中自己也學習。」

家庭教育專家孫雲曉說，終身學習是現代父母必備的教育理念，父母終身學習，才能與孩子一起成長。

02 一小時閱讀讓妳心靈安靜

培根說：「讀史使人明智，讀詩使人聰慧，演算使人精密，哲理使人深刻……」說的都是讀書的好處，可見一個人的成長，離不開書籍。媽媽們每天拘泥於生活的瑣事，每天想想同事說過的話和老闆的臉色，想想婆婆的話裡有話和孩子的成績單，頓時烏雲壓頂，負能量上身，開始鑽牛角尖，就容易失眠，失眠了更愛亂發脾氣，讓人想遠離。

生活中不愛讀書的女人，常常以為了點小事深陷其中，難以自拔。那些愛讀書的女人卻活得充實通透，更容易讓家人獲得幸福感。

一個女人讀過的書，一定是惠及下一代的，這便是最好的家風和教養。

一個愛讀書的母親，她不會以養兒防老去約束孩子的未來，她哪怕做著最普通的工作也能從中找到生活的樂趣，她的言傳身教可以薰陶出一個良善的孩子。

一個愛讀書的媽媽，才是孩子最大的貴人。她讀過的書，不僅滋養了自己，還影響孩子一生的三觀。

讀書的媽媽，明白精神富足比物質富足更重要，她們言傳身教地告訴孩子：「和書籍生活一起的人，永遠也不會嘆息。」

韶光易逝，剎那芳華，皮相給妳的充其量是數年的光鮮，但除此之外，我們更需要的是在一生中都能源源不斷給妳帶來優雅和安寧的力量。那就是讀書。

讀書帶來的女性美，不因歲月而蒼老。

03 一小時運動讓妳精力充沛

中國女演員孫儷出演的電視劇，從《後宮甄嬛傳》到《那年花開月正圓》，一部部經典，從少女到老婦，每個角色

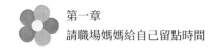
都拿捏得穩當從容。戲裡是大女主，戲外其實也是普通的媽媽。某天，孫儷發微博說：

「以前買衣服，怎麼好看怎麼來，現在買衣服，想的都是能不能隨時邁開腿，張開手……買衣服的質地變得特別重要……運動鞋要那種一腳就能把腳伸進去的那種，和孩子出門永遠是一個雙肩包……」

真是道出所有寶媽的心聲。但同樣是忙忙碌碌，孫儷哪怕是穿運動裝，一腳蹬，大家還是覺得好看，容貌、體態和身形，哪裡都配得上精緻二字。熟悉孫儷的人都知道，她經常鍛鍊，強度都還不低，她甚至把運動發展成了親子活動，帶著等等和小花一起運動。

運動，不僅僅是為了保持好的身材，擁有好的體魄，它還可以讓人始終擁有一顆積極向上、勇往直前的心。

04 一小時交流讓妳更有溫度

有一句話說：一個人的孤獨並不可怕，可怕的是和一個讓妳孤獨的人終老。

夫妻之間，不怕吵架，就怕不說話。

大多數平凡夫妻都是渴望溝通和傾聽的。一天下來，起早貪黑，忙完工作，照顧孩子，偶爾還有老人、三姑六婆的

八卦，剩下來的時間，少得可憐，或許只有睡前的那麼十幾分鐘，真正屬於彼此。

感情最怕的，就是一個不問，一個不說，其實，有些事說出來就好了。

好的愛人，就是做一個願意聽對方說廢話的人。

一小時很短，但卻能讓媽媽獲得心靈的滋養，這樣才能成為「更好的自己」、「更好的媽媽」。

小調查：為自己施一個魔法

這世間有一種魔法，可以讓媽媽滿血復活，那就是孩子；希望媽媽再為自己施一個魔法，每天再加 1 個小時，把那 1 個小時留給自己。媽媽們，妳們每天願意拿出一個小時做什麼呢？

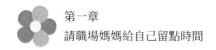

第五節

不計代價的找出一小時

前面我們說了媽媽們每天只要用一小時，就可以豐富自己的人生。但時間對於我們每個人來說都是公平的，一天只有 24 小時，不會多也不會少。對於忙碌的職場媽媽，有時候 1 小時真的就是奢望。

前面提過的中國著名節目主持人董卿，曾在節目中談到初為人母的那段時光：「我的時間全部被孩子占據，人也變得瑣碎平庸。」相信每一位媽媽都體驗過初為人母的兵荒馬亂，但這種無奈和沮喪並沒有打倒董卿，她意識到只有將自己逐漸在這些瑣碎中抽離出來，才有可能拒絕平庸。

她開始管理自己的時間，盡量每天抽出一小時處理自己的事情。她開始接受新的挑戰：籌備《朗讀者》，自己做主持人、製片人，自己拉贊助、搭攝影棚。

所有付出在《朗讀者》播出後得到了回報，節目一炮而紅，好評如潮，那個整天混跡於嬰兒的屎尿屁中的新手媽媽，終於因時間管理重新走向了人生制高點。

日本著名企業家稻盛和夫曾說：「提升時間價值，就是在提升自身核心競爭力。」董卿的經歷恰好也說明了這一點，那麼同樣身為職場媽媽的我們，要如何提升自身核心競爭力呢？就從找出自己可支配的一小時開始吧！

01 整理：妳有多少可用的時間資源

不知妳是否喜歡樂高？我還滿喜歡樂高的！玩過樂高的人都知道，一套樂高的數量是固定的，但具體妳要搭成什麼是隨意的。這就像我們的時間，一天 24 小時固定不變，具體怎麼用則千人千面。

然而哪怕我們怎麼變花樣，一天也不可能變出 25 個小時。想提升時間價值而時間又非常有限，就需要我們統籌安排讓時間發揮最大的效能，這才是我們要做時間管理的目的。

統籌安排的第一步是對時間進行整理，找出自己的可用時間。這就像我們玩積木時，需要提前弄清楚積木類型一樣。比如：搭積木前我們都會先把積木分類，底座、支架、細節等等。只有這樣我們心中才會有一個基本框架，才會在搭時有全域觀。

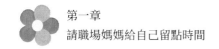

時間管理也是一樣，積木育兒法就是將一天變成 48 個時間塊，半小時相為一塊積木。透過整理這 48 塊「積木」的用途，找出可節省的那一小時。

在這裡我將時間整理成兩部分：一部分是固定時間，一部分是可變時間。

所謂固定時間，就是那些妳不能避免、無法改變的時間。比如：睡眠時間、吃飯時間、工作時間、運動時間、甚至妳每天的盥洗時間，這些都無法避免。沒有人會說，我不吃飯了、不睡覺了，對不對？

而可變時間則是一些相對靈活的時間。比如：妳娛樂的時間、交通的時間、溝通的時間、做家事乃至學習的時間。當然這裡的學習是指成人比較功利的學習，而不是學生那種全日制的讀書。這些時間相對靈活可變，也更容易成為我們的「時間黑洞」，所以更需要注意。

整理時，只有將固定時間和可變時間清清楚楚地列出來，我們才能一目了然地知道自己的時間花在哪裡了，也才能明白哪些時間可以規劃調整。

02 調整：給重要的事情留出高效時間

整理完，我們就可以進行時間調整了。調整時間時，我們需要遵守一個原則：給重要的事情留出高效時間。

什麼是重要事情？其實就是一段時間內妳給自己訂定的大目標。

我的學員跟我諮詢時，我發現很多人都有一個共同的問題：他們同一個時間段給自己制定的目標太多了。比如：我有個學員，她希望透過時間管理，每天抽 1 小時和孩子親子互動，再抽 1 小時練瑜伽，最後還要抽半小時複習研究所考試。

同一時間定這麼多目標，完成起來自然會加大難度。這就像妳將 3 副積木混在了一起，要搭好自然會費些力氣。她找到我說：「老師，我每天都在努力做時間管理，但是我發現無論我怎麼管理，時間還是不夠用！」

我告訴她：「妳要學會做減法，找出這個階段最想做的那件事，圍繞這一件事安排自己的時間，找自己最想玩的那副積木去玩。」

3 個月後我再見這位學員，她的狀態已經完全不一樣了。她說：「老師，聽了您的課，我發現我最想做好的還是『母親』這個角色，所以從那時起每天我都保證 1 小時的親子時間，現在兒子跟我好得不得了，我自己也對生活充滿了掌控感！」

妳看，只有找準最重要的那件事，才能統籌安排其他時間。

　　再來說說高效時間，高效時間每個人因人而異。有些人像百靈鳥一樣適合早起，早上起來的那段時間辦事效率非常高；而有些人則像貓頭鷹一樣，只有在夜深人靜的時候才會靈感爆發。不同人的高效時段差異很大，這就需要我們整理完成後，用排積木的方式將 48 塊積木重新排列，找出自己最高效的時段，把每天最重要的事安排在這個時間去做，會有事半功倍的效果。

03 自律：減少無效時間浪費

　　妳有沒有過這樣的體會，本來要上網查資料，結果彈出一個消息：妳中意很久的衣服，突然打折了！於是妳不由自主就點了進去，還沒逛完突然 LINE 又亮了，幾乎沒有思考妳就去群組裡聊天了。等反應過來，妳的資料還沒查，半個小時已經過去了，這半個小時就是無效時間。

　　所謂無效時間，是指由於管理不善導致被浪費的時間。在網際網路高度發達的今天，注意力成了稀缺資源。我們經常被一些影片、打折資訊、聊天訊息吸引。大數據、人工智慧化的互聯網非常善於抓取使用者資料，很擅長給每個人客製匹配度更高的推薦資訊，這意味著我們會不知不覺落入無效時間。

　　所以說，積木定製時間管理法雖好，但也需要使用者透過自制力加持。

04 盤點：找出可以增加的部分

我們常說「時間管理」，但時間每天只有 24 小時，要如何管理？事實上我們管理的並不是時間，而是時間效能。

接下來才是時間管理的重頭戲：提高時間效能，找出每天可增加的部分。

前面我們提到了固定時間和可變時間，而我們提升時間效能的方法也將圍繞這兩部分逐一展開：

首先，固定時間段可以透過「提升效率」和「一雞多吃」兩個方法來提升時間利用率。

提升效率無需多說，比如：在工作時間盡量高效迅速的完成工作，以節省時間。

「一雞多吃」就是指做一事是找多個目的。在固定時間段內我們的時間是固定的，為了增加時間利用率我們只能給這個時間段提供多種可能。比如：很多人跑步時會聽音訊課程，工作時不只關注眼前利益還在維護今後的人脈等等，這都是在「一雞多吃」。

很多時候固定時間是必須的，我們不能想著一味去減少，如果我們真的現在就開始不運動，不好好吃飯，時間長了肯定要出問題。所以，「固定時間」我們把它用飽滿就好。

接著是可變時間，對於這塊時間我會建議大家使用「調整結構」和利用「碎片時間」兩個步驟來提高利用率。

所謂「調整結構」是指，我們要讓時間為自己的大目標服務。比如：透過瀏覽歷史紀錄，妳發現每晚都有半小時刷短影音的時間，而這段時間妳的大目標是培養親子關係，那麼我們就把刷短影音的時間放到與午飯同步，而把原本刷短影音的半小時用來和孩子聊天、玩遊戲、讀繪本等等。

光調整結構還不夠，我們都知道生活中充斥著很多「碎片時間」：上廁所、排隊、通勤等等，其實這些時間其實完全可以利用起來的。比如：我會利用等餐排隊時間回覆學員諮詢的問題；一旦通勤時間大於半小時（一個積木的時間），我就會選擇看一本書，或聽一節音訊課程；上廁所的時間我則會用來收集素材。嘗試一段時間，妳會發現原來「碎片時間」也能做很多事。

調整結構的關鍵在於對標大目標，一共就 48 塊積木，我們要知道自己每天能留給大目標多少塊積木？

整體而言，不管是「固定時間」還是「可變時間」，只要我們掌握方法就一定能找到屬於自己的一小時。

上面說的這些方法，妳都記住嗎？從現在開始，讓我們一起整理、調整、盤點自己的時間吧！

本章小技巧

- 1 天 24 小時，一部分是固定時間，一部分是可變時間。細化時間的顆粒，找出屬於自己的一個小時。
- 固定時間可以透過「一雞多吃」來提升效率。
- 利用好碎片時間，讓時間最大化的為自己服務

第二章

圍繞階段性目標確定優先順序，
先完成優先事項

第一節
職場媽媽尤其需要確認階段性目標

01 會取捨的女人更輕鬆

佛經云：捨得，捨得，有捨才有得。對於職場女性來說，最忌諱的就是什麼都想要，什麼都不肯放手。

既想要升遷加薪，在職場大展身手，又想要兼顧家庭成為一個好媽媽，這樣的想法本身並沒有錯。錯的是時時刻刻都用這樣的標準來要求自己，那就難免把自己搞得焦頭爛額，狼狽不堪。

美國前總統川普的女兒伊凡卡曾是一個超級服飾公司的創始人，又是川普集團的發展與併購部的副總裁，她所負責的專案目標常常高達數億美元。川普成為總統後，伊凡卡又成了父親的左膀右臂，她是白宮的無薪顧問，同時，她還生了三個可愛的孩子。

她是一個好主管，一個好員工，一個好女兒，一個好妻子，又是一個好母親。時間對每個人來說都是公平的，大家都只有 24 個小時，她是如何做到各方面平衡的？

這是因為伊凡卡善於作取捨，在人生每個階段都會主動進行平衡。

在她沒結婚的時候，她的精力主要放在創業上。有了孩子後，在兼顧事業的同時，她也會把更多的任務分派給下屬，好留出時間跟孩子們相處。父親當上總統後，她又退出了一手創建的公司，把更多的精力放在從政上。

伊凡卡曾說：生活是馬拉松，不是短跑。不要想著在短時間可以把自己逼到極限。

積木定製時間管理也是一樣，在搭建的過程中不需要同時完成全部目標，而是針對我們的大目標進行分解，列好行動時間，對那些不重要的生活和安排做一次斷捨離。

02 確定階段性目標的六大要素

對於職場媽媽來說，要學會取捨，先要明確自己的階段性目標，即當前對妳來說，什麼才是最重要的。

人生的每一個階段，目標都不盡相同。

學生階段的主要目標是完成學業。要在學業上取得成就，那麼大部分時間和精力就要放在學習任務的分配上，以

確保能按時完成學習進度。

初為人父母時，主要目標應該放在帶好孩子上，要盡量壓縮工作和娛樂的時間，先把孩子照顧好。

人到中年，為了突破職場天花板，要在工作上盡量投入時間，爭取在一定年限前達成升遷加薪的目標。

那麼是什麼決定了我們每個階段的目標？

是六大因素影響了我們的決定，它們分別是：人生觀、生活方式、自由時間、時間顆粒度、人際關係以及大目標。

首先是人生觀，每個人都有不同的人生觀。

有人覺得人生應該及時行樂，那麼他就會花很多時間在旅行和消費上；有人把培養孩子成才視為最重要的使命，恨不得時時刻刻跟孩子黏在一塊；有人認為人生的價值在於事業，只有事業有成才能證明自己沒有白活……

人生觀沒有對錯，選擇妳認為最重要的事，設立為妳的大目標，放手去做，不要後悔。

其次是生活方式，生活方式決定了妳的時間都如何分配。

同樣是兩個以孩子為重的媽媽，一個習慣親力親為，事必躬親，自己培育孩子，輔導功課。

而另一個媽媽擅長資源整合，雖然她自己不教孩子，但是總能找到最好的教育資源，讓孩子去上輔導班，讓專業的老師來教育孩子。

生活方式很大程度上來說，決定了妳將以何種方式來達成妳的目標。

第三是自由時間，可支配的時間越多，就距離目標越近。

自由時間包括整段時間跟碎片時間。對於一個缺乏整段自由時間的職場媽媽來說，目標就不能訂得太大，否則實行起來難度也會很大。

對於一個既要工作，又要帶孩子，還要做家務的職場媽媽來說，如果希望工作家庭兩邊都兼顧，又希望能同時考證學習，那麼勢必要請保母或者老公來幫忙分擔一些家庭任務，來增加媽媽的自由時間。

第四是時間顆粒度，顆粒度越小，完成目標的可能性越大。

所謂時間顆粒度，就是妳對時間的敏感程度。妳通常以什麼時間單位來安排妳的任務。有些人時間顆粒度很大，以一天來計時間，今天做這件事，明天做那件事；或者以半天來計時間，上午做一件事，下午做一件事。

時間對每個人來說都是公平的，妳的時間顆粒度比別人大，也就意味著妳能完成的事比別人少。30 分鐘是一個很棒的時間單位，它不會太大，大到妳擠不出來，也不會太小，小到什麼也做不了。

當妳以 30 分鐘為單位時，以積木管理法的角度，妳就相當於一天擁有 48 塊積木，可以把小塊的積木一塊塊累積起來，搭建出妳想要的形狀。

善用半小時的時間顆粒度，能幫助妳更快完成目標。

第五是人際關係。妳的人際關係對於妳完成目標是產生助力還是阻力？

好的人際關係能讓妳以較小的時間成本完成更多的任務。譬如妳和家人關係好，他們就能幫妳分擔更多的家務，幫妳在抽不出空的時候照看孩子。同樣，跟同事和主管關係好，不但對於升遷加薪事半功倍，就連孩子生病時，請假也能更加方便。

壞的人際關係則剛好相反。因此要花點時間經營妳的人際關係，它將直接影響到妳能否順利完成目標。

而第六點也是最重要的一點，就是確定妳的階段性人生大目標。

妳的階段性大目標決定了妳目前所要做的最重要的事。妳可以調動其他一切要素來為實現妳的階段性大目標服務。

比方說，妳的人生觀決定了妳目前最重要的目標是打拚事業，妳的生活方式和人際關係讓妳可以請保母加老公一起來幫妳料理家務和照顧孩子。而妳的自由時間偏碎片化，妳的時間顆粒大小以 30 分鐘為單位，因此妳可以利用小塊的時

間積木進行充電學習，處理工作上的瑣事，最後達到升遷加薪的目的。

為大目標預留多少塊積木，決定妳的目標達成速度。積木定製時間管理法的搭建環節的首要動作就是找出妳的大目標。

03 目標明確，妳才不會迷茫，不會慌亂

有些人從早忙到晚，然而過 5 年、10 年回頭看，妳會發現他跟之前並無兩樣，還是一樣地忙碌，還是一樣地原地踏步。

只有當妳明確了人生階段的大目標，妳的人生才會變得充滿底氣。妳才會清楚，妳現在所處的位置以及妳所嚮往的方向，到底是什麼？妳是否正朝著預期的目標一步步前進？

這兩種生活狀態，也許表面看差不多。但時間終將證明一切，兩者必將漸行漸遠。

儘早樹立起妳的人生目標，這就像搭積木有了目標，這樣妳才有意願去調動一切資源，為之湊出更多的時間積木，妳的人生目標也必然更早達成。

04 圍繞目標安排妳的工作和生活

明確目標之後，圍繞目標安排工作和生活就順理成章了。

如果妳的目標主要是教育孩子，那麼就找一份相對清閒一點的工作，把主要精力放在照顧孩子上。家裡的大筆開支也主要花在買學區房、給孩子報補習班上面。必要的時候，可以買一些課輔資料，跟著孩子一起學習。

如果妳的目標是打拚事業，那麼把部分家庭任務「外包」出去就成了當務之急。妳要花更多的時間來規劃妳的職業路徑，確定妳突破瓶頸所需要的知識和技能，然後將其補足。

在什麼山頭唱什麼歌，妳的目標是什麼，妳就把生活的重心往那裡偏移。

小練習：整理妳的階段性目標六大要素

- ◆ 寫下妳的階段性人生目標。
- ◆ 寫下使妳產生這個大目標的人生觀，觀察兩者的契合度夠不夠高。
- ◆ 寫出妳目前的生活方式，看看它是否有助於妳實現妳的階段大目標。
- ◆ 列出妳一天中所有的自由時間，看看它們主要是整段時間還是碎片時間，妳對它們的利用率高不高？

- 寫下妳所習慣的時間顆粒度，看看是否有細化的可能性。
- 畫出妳的人際關係圖，看看哪些關係有助於妳實現妳的階段目標，哪些關係阻礙妳實現階段目標，以及能否改進？

第二節
找出實現階段性目標的優先事項

許多讀者說自己是職場媽媽，每天累到癱軟，晚上還要陪孩子玩、餵奶、哄睡，已經沒有自我了，覺得很不開心。

她們很費解我怎麼做到有時間上班、業餘寫作、出書、實現自我價值的同時還能有時間帶孩子，能否分享我的時間管理術？

在職場媽媽的時間管理上，我的偶像是生了四個孩子、照拿博士學位的日本婦產科女醫生吉田穗波，她說：「就因為沒有時間，才什麼都能辦到。」這句話看似很矛盾，但實際閃耀著智慧。

身為職場媽媽，我們最缺的就是時間，我也一直在總結時間管理經驗，如何在時間不充足的情況下，實現自己的階段性目標？

01 實現階段性目標的三件要事

當我們定下自己的階段性目標後，緊接著要做的就是：把這個個目標分解成一個個小任務。

根據自己的目標不同，其分解方法不同。有的很具體，有的則可能相對模糊一些。比如媽媽們經常會給家裡進行大掃除，一開始要收拾整間屋子，我看著亂糟糟的環境，心情很鬱悶，既讓人看不到希望，也讓人沒有動力。

可是後來一想，整間屋子一起打掃，雜物又多又亂，效率還很低，倒不如把目標拆分成一間一間的來收拾，只要最終把整個家打掃乾淨就大功告成了。

先把時間和精力用在了最難打掃的重油汙廚房，收拾乾淨了就轉移到衛浴、然後是書房和臥室，最後是客廳。

選擇上是先難後易，漸漸地，在發現一個個房間在我的精心打掃下都露出來嶄新的面孔，房間乾淨了，自己的心情也隨之好起來。

所以，當我們有一個大目標時，千萬不要害怕，要想辦法盡可能地將它拆開，拆成一個一個好操作的小目標。這樣，讓人既有動力，又能看到希望。

如果我們的目標分解的時候比較模糊，比如屬於累積型的目標，熟練掌握英語，增強和別人溝通交流的能力等等。想要區分階段和任務，我們不妨使用「大白測試法」來劃

分。即：假如您具備實現目標能力的時候是 10 分，目前您的狀態是幾分？

當自己思考自己是幾分的時候，就是劃分階段層次的時候。

拆分完目標後，請記得一定要給自己定下完成的時間，畢竟 deadline 是第一生產力。此外，計畫實行初期階段，自己要留多一些彈性的時間，測試安排計畫是否合理並調整。這樣也可以讓自己面對計畫外的突然事件時，也不至於立即失去掌控。

02 優先事項排列的五大原則

說到這裡，妳可能會問，我一天中要做的事情有那麼多，我該怎麼進行排序呢？

大目標優先原則；

在《與成功有約》一書中，作者史蒂芬・柯維（Stephen Covey）提出，「重要事」和「緊急事」的差別是人們浪費時間的最大理由之一。因為人的慣性是先做最緊急的事情，但這麼做就會導致一些重要的事被荒廢掉。

要保護自己的時間，尤其需要有足夠的時間，有計劃的做那些重要不緊急的事情。比如健身，一週 2 ～ 3 次，我會提前固定好節奏，這樣就能確保重要不緊急的事項可以長期堅持進行。

再比如陪伴孩子的特殊時光，雖然我不能保證每天有充足大量的時間陪伴，但是每天 30 分鐘的特殊時光卻是可行的，我會全身心投入，充分利用這段時間和孩子建立起良好的親子關係。

在踐行的過程中，有朋友回饋說，自己根本不知道什麼事情是不重要的。在她看來，所有的事情都重要。那我們就要好好地問問自己的內心，做這件事情的目標是妳想創造的生活嗎？

然後我們來替事情排序，重要緊急的事情立刻去做；重要不緊急的事情有計畫地做；緊急不重要的事情委託他人去做；不重要不緊急的事情盡量別做。按照「時間管理四象限」來管理時間，會讓我們的生活更加遊刃有餘。

◆ 可持續性原則

有時候，我們可能會因為一些意外的因素，某一天確實完成不了既定的目標。沒關係，我們要懂得正確去調整。

一個防止目標被中斷的方法是：

前一天沒完成的任務減半處理，分別放到第二天和第三天，這樣也不至於第二天一下子任務量過大而無法完成，或者索性產生放棄的心理。

完成目標的核心，不在於妳突然熱情大爆發連續好幾天做很多事情，而在於持久穩定地做好每天的事務，哪怕妳每

一天做的事情都很微小，但等妳過完一個月以後，回過頭就會發現，妳累積下來其實是做了很多事情了。

不管是學習的上面，生活的上面，工作的上面，看著這個月完成的這麼多事情，妳也會感覺自己的幸福感得到了提高，工作效率也提高了。

◆ 效率優先原則

最重要的事情，盡可能的第一時間去做好。

其次，就是重要的事情，但是不緊急的可以安排第二個時間段去做好。

有一些事情可做可不做，妳放在最後完成。時間允許就去做，時間不夠就直接丟掉。

越是忙碌的人，平時就越是在意時間。

給任務分等級還包括階段性的任務，比如在這一個星期中，妳最重要的事情是什麼？寫出來，千萬不要避重就輕，完成了一大堆可有可無的小事情，把最重要最核心的任務給忽略。

◆ 多維度原則

什麼是多維度原則？通俗點講，它就是把同類型的瑣事一次性完成，節省精力成本，效果還比一個個做好。

比如：之前我每天要替寶寶做三餐輔食。在早中晚分開

進行，每一餐至少花費半小時，全天就是 1.5 小時。後來我想試試這個「time blocking」到底有沒有作用。於是決定早上把全天的輔食都做好，裝進燜燒杯。做了南瓜小米粥和紅蘿蔔麵，一共只花了 50 分鐘，節省了快一半的時間。更重要的是，這樣同時完成幾個任務，讓人更有成就感。

◆ 內心渴望原則

　　市面上有各種維度的時間管理課程，有的側重講授方法，有的側重角色維度，還有的專門用工具來做管理，可以說各家都有各自的優勢。其實每個人利用時間的方法，選擇的事情一定會有所不同。我的觀點是：

　　並不是透過節省時間來創造想要的生活，而是先創造想要的生活，然後時間就自動節省了。時間管理的關鍵在於選擇，時間表上展現的「我做的每一件事情，花的每一分鐘」都是我的選擇。

　　我們不要和周圍的人比較，學習時間管理最重要的是找到一個自己最舒服的狀態。清楚知道自己的目標和方向，創造自己想要的生活。透過目標管理和精力管理，讓自己的生活有節奏感，有張有弛，逐步創造出自己想要的生活，實現良性循環。

　　比如說，我想創造的生活是這樣的：

- 擁有健康的身體，因為這是一切的基礎；
- 擁有自己的事業，做個小太陽，傳遞更多的正能量；
- 帶一支充滿活力的團隊，不斷地為更多人創造價值感和歸屬感；
- 創造溫馨的家庭氛圍，讓孩子在尊重接納的環境裡成長，成長為他想活出的樣子。

這就是我的大目標，那為了實現這個我想創造的生活，我需要藉助時間管理工具來管理自我。既然我是職場媽媽，要創業，所以在某些時間段我會犧牲陪伴孩子的時間來工作，其實每個選擇背後都意味著放棄，只要當下，妳認定了這是最最重要的事情，就無需後悔自己的選擇。

03 生活很複雜，職場媽媽要注意

曾看到一個採訪「職場媽媽」的短影片。幾位媽媽居然一致認定「自己不是一個合格的媽媽，因為給與孩子的陪伴太少」。

5 歲孩子媽說：自己不是一個合格的媽媽，因為對孩子的陪伴太少。

6 歲孩子媽說：自己不是合格的媽媽。因為有時上班很晚回去，特別是平時上夜班，回到家孩子都睡著了。

當被問到「身為媽媽覺得自己最不足的地方是什麼」時：

5 歲孩子媽說：孩子希望去幼稚園的時候，我能送他出門，但是這些我都做不到。

6 歲孩子媽說：平時很少替孩子做飯，包括衣服也很少洗。

11 歲孩子媽說：如果我能給孩子更多的陪伴，孩子應該會活潑一點……

因為工作，居然連看似平常的事情都做不了，比如錯過陪孩子睡覺，不能幫孩子做飯、洗衣服，無法送孩子去幼稚園，甚至直接影響孩子的性格成長等等，這道出了多少職場媽媽的心聲。

所以很多媽媽，為了維持家庭和工作的平衡，只能折中處理，盡量調整職場目標，卻不敢輕易放棄職場。

04 工作有突發，職場媽媽要預判

在一個求職節目中，有一位媽媽王小姐，雖有著碩士教育背景，職位已是專案經理，但升級為媽媽後，因為要經常加班和出差，只能上下班隨時按「切換鍵」，但還是經常兩頭「遲到」，經常收到老公的連環 CALL，婆婆也希望她能夠有更多時間照顧孩子。

她預判到未來幾年內她的工作都非常忙碌，但是孩子最好的時光就那麼幾年，於是她毅然決定換工作，最後現場選擇了一家教育培訓機構市場專員的工作，月薪不到新臺幣三萬元，只是為了能多陪伴家中 1 歲的孩子，和更方便堅持母乳餵養。

小練習：找出妳的優先三件事

有目標的生活將使妳所向披靡，無比幸福。有大目標，人就不會整天說自己迷惘。

我們可以透過提問找到自己的目標：現階段對妳而言，妳最想做成的事是什麼？

這就像是每個人自己的「大問號」，是我們對生活感到興奮無比的緣由，也是妳為之忙碌的原因。

而這個原因，就是自己的生活目標。

確定了目標，選擇了一個方向，邁開腳步，看看自己是否喜歡這條路。時間會帶給我們更清晰的視野。

在做的過程中如果妳發現自己不適合，那麼也可以適當調整計畫，並堅持完成。

第三節
————— 學會取捨，優先事項優先完成 —————

01 先拿西瓜，再看其他

有這樣一個故事：

小猴子出去玩，經過了玉米田，撿了一根玉米。牠繼續往前走，走到了西瓜田，看到了大西瓜，就扔掉了玉米棒子撿了一顆大西瓜。最後，小猴子看到路邊有一粒芝麻，牠撿起了芝麻扔掉了西瓜。

我們對孩子講這個故事，希望孩子們在漫漫人生路中學會分清孰輕孰重，做出最好的選擇。

可是，妳有沒有思考過：在自己的時間管理中，妳是否曾經丟掉西瓜而撿起了芝麻？

人生的每個階段，我們都會面臨很多選擇。我們要清楚

地看到什麼是「西瓜」，更要學會拿穩「西瓜」。

要想西瓜拿得穩，就要「先拿西瓜、再看其他」。

02 永遠讓重要的事情先完成

不少媽媽做事情「眉毛鬍子一把抓」，總是挑緊急的事情開始做，結果不急的事情拖成了緊急的事情，周而復始、疲於奔命。

想管理好時間，就要時時刻刻的抓住大「西瓜」——優先完成重要的事情。

前面提過，著名管理學大師史蒂芬‧柯維在他寫的《與成功有約》一書，將事情分為了四類：重要而緊急、重要而不緊急、不重要而緊急、不重要而不緊急的事情。

他提出了「要事第一」的原則，建議人們善用「四象限法則」處理事務：

優先處理第一象限的重要而緊急的事情，接著處理第二象限重要而不緊急的事情，再做第三象限緊急而不重要的事情，最後才去做第四象限不緊急不重要的事情。

「四象限法則」對於媽媽們同樣適用。

比如：有個學員問我：「老師，我的孩子不到半歲，我現階段的主要目標是陪伴年幼的孩子。對我來說什麼是重要的事情呢？我該如何區分和處理四個象限的事務呢？」

如果她的孩子生病了，那麼對她來說帶孩子看病就是重要而緊急的事情，應該優先處理。

她作為新手媽媽，對孩子的養育和護理知識很陌生。學習這類知識就是第二象限的重要而不緊急的事情，需要安排時間逐步學習。

她的孩子餓了要喝奶、睏了要哄睡、大小便後要換尿布，喝奶、哄睡、換尿布等瑣碎的家務就是第三象限緊急而不重要的事情。這些事情她可以讓孩子的奶奶、外婆等家屬幫助處理，經濟條件允許的話還可以請保母或者月嫂代勞。

她喜歡看都市愛情劇、刷 IG。看電視、刷 IG 就是不緊急不重要的事情。偶爾作為娛樂放鬆看一下無可厚非，但要控制時間。

如果媽媽們能優先做重要的事情，已經是高效的時間管理者。

我們還可以更進一步 —— 透過不斷的調整，擴大重要和不緊急的事情，減少重要和緊急的事情，讓自己的人生更從容。

就比如：上文中的學員透過學習育兒知識，對孩子的養育遊刃有餘。她的孩子身體很健康，偶爾孩子生病了她也能準確判斷如何對症處理、是否需要去醫院。

孩子漸漸地養成了好的生活習慣，逐漸不那麼黏人，媽

媽有更多的時間和精力去提升親子關係，重要而不緊急的事項逐步擴大。

時間有限，只有抓住了「優先順序」的女人，才能做「時間的朋友」。

永遠讓重要的事情先完成，而不是讓緊急的事情先完成。

03 壓力來襲，不要逃避要化解

人生中，我們難免遇到壓力。

老闆發話了：「這個專案月底之前必須完成，不然妳就走人。」

客戶說：「這個專案我不滿意，妳重新做。週末之前給我新的方案。」

不少媽媽抓狂了：這簡直是「不可能完成的任務」呀！

於是，明明知道這些事迫在眉睫，可是妳潛意識中就是覺得自己根本做不到，本能地想「逃避」，拖延起來遙遙無期，到了截止日期才匆匆著手，反而形成了惡性循環。

逃避並不能解決問題，我們可以用這些方式化解：

◆ 第一，計畫前置

商界名人李嘉誠的手錶和鬧鐘總是比正常的時間調快 10 分鐘，提示自己不要「延遲」。

媽媽們不妨學習李嘉誠，在「deadline」之前給自己劃定更早期限。當妳的「設定時鐘」早於實際截止日期，自然能更從容。

◆ **第二，提高效率**

每個人每天只有 24 個小時，但工作效率不相同。確保留足固定時間完成重要事項，用效率最高的時刻啃「最難啃的骨頭」，營造不受干擾的外部環境，學著將任務拆解成一個個能夠完成的「小目標」，難事變得不困難。

◆ **第三，尋求支持**

「一個好漢三個幫」，別把所有的壓力都往自己身上扛。困難時求助有經驗的同事、朋友、同學「指點迷津」，必要時找尋能提供支援的人幫妳分擔任務，不失為好的解決之道。

羅斯福說：「外在壓力增加時，就應增強內在的動力。」

不要逃避，積極化解，才能迎來更閃亮的人生。

04 合理安排工作量，不當過勞族

2019 年，中國浙江衢州發生了一起「27 歲二胎媽媽董冰深夜玩手機猝死」的意外。

董冰的女兒 6 歲，兒子 2 歲。她平時白天照顧孩子忙成

狗，晚上哄睡完兩個孩子後才有了自己的時間。她打開手機淘寶網購，卻不料過勞引發心源性猝死，生命定格在花樣年華。

做媽媽不易，職場、家庭事情無數，工作量經常「爆表」。

合理安排工作量，拒當過勞族，學會給自己「減負」很重要。

影星奧黛麗·赫本就是範例。她的大兒子盧卡開始讀書時，她毅然中斷了演藝生涯，回歸家庭陪伴孩子。而當她的小兒子開始讀書時，她也做了相同的選擇。

她在接受採訪時說：「當時我必須做出生命中的一項重要決定。放棄電影或者放棄我的孩子，對我來說這是一個非常容易做出的決定，因為我非常非常想念我的孩子。」

她的兒子盧卡多年後回望這段歲月，感到非常幸福：「母親每天都會到學校接我。」

奧黛麗·赫本明智如斯，才能成就如斯。

我們不是赫本，未必有如她一般清純美麗的容顏、令人豔羨的成就。但就算是菜鳥也可以有鷹的夢想，我們普通人也可能成為幸福的行動家。

做幸福的行動家，從給自己「減負」開始。

第四節
把高效時間留給優先事項

01 職場媽媽的精力值比誰都重要

　　一旦成為媽媽，最大的感受之一就是 —— 時間不夠用！

　　帶孩子的時間已經不夠，更不要說留時間給自己、給家人，筋疲力盡之際，只希望自己能永遠地「躺平」。

　　做職場媽媽並不意味著孤軍奮戰，孩子不是一個人的孩子，當然也不需要媽媽們獨自包攬照顧孩子的大事小情。勇敢地向自己的老公、父母、公婆發出需要支援的信號，讓他們給予幫助。如果親人無法幫忙，仍然可以向外界尋求幫助，比如在經濟條件允許的情況下可以聘用保母，或者將孩子送至托兒所。

　　總之，媽媽不是超人，需要別人幫忙也不是一件丟臉的

事情，媽媽自身擁有充沛的精力，反而可以讓媽媽們更好的處理工作和家庭兩者之間的關係。

02 如何避免妳的高效時間被侵占

在工作的時候，保持專注並不容易，常常會被外界各種因素干擾，分散注意力。那要怎麼才能提升專注力，工作的時候更專心呢？

◆ 減少外部因素的干擾

在工作中，影響我們專注力的外部因素並不少，比如：手機、電話、郵件、同事的請求等等，這些都會讓妳分心，無法集中精力專注工作。那要怎麼應對呢？

第一，最簡單的方法，就是控制好電子設備和高科技產品。比如：手機，我們在專注工作的時候，可以將手機調成靜音模式，然後將手機放在遠離視線的地方，避免看到消息分散注意力，無法保持專注。

面對其他的電子產品也是一樣，凡是會分散妳注意力、打斷妳思路的，都可以嘗試這種方式，這會迫使妳將更多的精力都放在妳要完成的工作上。

第二，和身邊的同事設置界線。當妳在專心工作的時候，如果不想被同事打擾，可以戴上耳機或者是貼一張紙條，寫上「請勿打擾」，避免專心工作的時候被打擾到。

如果這種方式不管用，又不想被別人打擾到，可以嘗試與同事商量，設置一天為「勿擾日」，專門集中精力處理重要的工作。

◆ 控制內部想法和行為

不能專注，外部環境只是一方面原因，我們自身的想法和行為也會影響我們工作的專注力。

具體要怎麼做才能控制自己，避免自身因素影響工作的專注度呢？

首先，我們來說一下控制想法方面，我們可以用寫的方式，幫助我們理清思路，記錄靈感和想法。

工作中有很多瑣碎的事情，有時候，專注工作一會兒，就會想起另外一件事情，比如：回電話給主管、替同事列印一份文件等等，這樣的事情有很多。

如果這些瑣事我們都記在腦子裡，就會不斷的自我提醒，害怕自己忘記，無法保持專注。

所以，我們在工作的時候，可以將這些瑣碎的事情、偶爾一閃而過的靈感等等，都記錄下來，從大腦中清理出去。

當妳寫下來後，這些想法就不會在大腦中反覆縈繞，專注於自己該做的事，等完成後再來集中處理這些瑣事。

其次，要控制自己的行為，不斷練習每次只做一件事情，並且給自己設置一個集中處理的時間。

　　工作的時候，電腦只打開一個視窗，全力以赴的去完成工作任務，指導完成某個階段的任務或者所有的工作任務都完成，再去處理那些瑣事。

　　可以給自己設定一個時間，比如：專注 1 ～ 2 個小時之後，給自己留有 30 分鐘左右的時間，再集中時間去處理瑣事。

　　這種專注和集中處理搭配的工作方法，不僅可以高效利用妳的精力，還不會耽誤妳的任何工作。

　　這就是提高專注力的方法，如果工作的事時候，經常分心，也可以記錄自己每次分心的原因。當妳意識到自己為什麼會分心，就會有意識地調整自己，讓自己工作的時候更加專注，將更多精力都放在重要的事情上。

03 建立高效時間儀式感，更快進入狀態

　　日本人在吃飯之前會說一句：我開動了。出門或者回家也都會跟家人說一聲，而這種儀式感日本人一直都保持得很好。

　　同樣道理，工作也需要。

　　當我們在做一件事情時，我們可以給自己設置一定的儀式感。一旦這種儀式感啟動，就會自動遮罩一些不必要的干擾。儀式也是一種重複的行為，就像慣例一樣，它們甚至可

以成為妳慣例的一部分。然而，儀式又不僅僅是一系列的行動，它有著更深層的意義。

哈佛商學院（Harvard Business School）行為科學家法蘭西絲卡·吉諾（Francesca Gino）和邁克爾·諾頓（Michael I. Norton）寫道：

儘管儀式和結果之間沒有直接的因果關係，但以產生某種結果為目的的儀式似乎也足以使這種結果成為現實。

儀式是非常個人化的。妳可以去散散步，喝杯咖啡，或者把筆記型電腦收起來。行動本身並不重要，重要的是它對妳意味著什麼 —— 妳已經完成了這一部分，並準備開始下一部分了。

比如：我每天工作之前，都會給自己泡一杯咖啡，做好今日的工作安排，然後就可以快速的進入到工作狀態，工作的時候也會更加專心。

建立一種開始工作的儀式感，不管是什麼動作，只要堅持下來，養成習慣，不管妳在什麼時候，只要做出這個動作，就可以專心投入工作中。它不僅能為妳遮罩干擾，還能鍛鍊自己的專注力。長此以往，妳養成了習慣，就不再容易被干擾了

04 階段復盤，高效時間真高能

想要做好時間管理，我們還要記錄時間，弄清楚自己的時間花在哪裡了。

在記錄自己時間的時候，要注意區分自己工作的明時間和暗時間。

這裡的「明時間」是，妳計劃寫作 2 個小時，但是中間起來去喝了杯水，然後又上了個廁所，刷了一會兒手機，真正寫作的時間可能只有 1 個半小時。「暗時間」就被這些瑣事悄悄偷走了。

知道了時間的開銷在哪裡，然後進行具體分析，減少不必要的時間開銷，做再次調整。

小測試：高效時間測試表

表 5　時間管理行動清單

記錄你的時間				
堅持花一週時間進行每天的時間記錄，找到時間規律。				
序號	時間段	類別	事項	內容
1	8：00～8：30	固定	交通	搭車去公司
2	8：30～9：00	固定	工作	晨會
3	9：00～9：30			
4	9：30～10：00			

5	10：00 ～ 10：30			
6	10：30 ～ 11：00			
7	11：00 ～ 11：30			
8	11：30 ～ 12：00			
9	12：00 ～ 12：30			
10	12：30 ～ 13：00			
11	13：00 ～ 13：30			
12	13：30 ～ 14：00			
13	14：00 ～ 14：30			
14	14：30 ～ 15：00			
15	15：00 ～ 15：30			
16	15：30 ～ 16：00			
17	16：00 ～ 16：30			
18	16：30 ～ 17：00			
19	17：00 ～ 17：30			
20	17：30 ～ 18：00			
21	18：00 ～ 18：30			
22	18：30 ～ 19：00			
23	19：00 ～ 19：30			
24	19：30 ～ 20：00			

第五節
——— 如何保證優先事項能完成 ———

01 別人干擾多 —— 早安排，廣告知，明拒絕

對於職場媽媽來說，完成優先事項最大的攔路虎，莫過於來自外界的干擾。

以職場為例，女性最大的特點就是處事柔和。這在處理人際關係上是一個優勢，但相對的，也會造成女性不懂拒絕，因為別人的事而耗費大量時間、精力的弊端。

不懂拒絕帶來的問題並不僅僅是耗費時間，更嚴重的是當妳要完成自己需要大量時間的重要任務時，會不斷地受到干擾，而變得效率低下。

職場女性可以在每天進行重要，且不能被打擾的任務時，提前告知同事，說明自己即將處理重要任務，譬如寫商業方案、整理資料、準備 PPT 等，請他們在此期間不要打擾妳。

　　事先明確地告訴對方，要求對方中途不來打擾，並不會得罪身邊的同事。相反會給人留下幹練、凡事有計畫的良好印象。不信妳看，影視劇裡凡是重要的人物，在別人邀約他時都會要求先看看自己的行程安排。

　　此外，對於職場媽媽來說，回到家裡，可能更加難以摒除外界干擾，尤其是孩子每隔 5 分鐘一次地喊「媽」，真的是媽媽完成重要事務時的絆腳石。

　　對於比較小的寶寶，職場媽媽可以讓老公或者婆婆、媽媽每天固定一段時間幫著帶出去散散步、陪著孩子玩玩，給自己留出處理優先事務的時間。

　　不要吝於求助，也不要覺得不好意思。孩子是爸爸媽媽兩個人的寶貝，雙方都應該花時間精力來養育孩子，跟孩子相處。

　　如果爸爸實在比較忙，也可以求助於長輩，請向他們說明：孩子小的時候就那麼幾年，而妳的工作上升期也就那麼幾年，如果他們能在眼下對妳伸出援手，妳會非常感激他們。

　　若是孩子已經上學，能夠講道理了。那麼妳可以直接跟孩子說：媽媽在幾點至幾點，有重要的事情要做，請不要打擾，如果妳功課上有問題，可以在此之前，或者之後來請教媽媽。

一開始孩子可能會抗拒，但是當他發現，這一時間段去找媽媽，確實得不到回應時，慢慢地他就會習慣，媽媽也有媽媽的事情要做。

職場媽媽要學會說「不」，提前安排好自己做優先事務的時間段，告訴身邊的人請勿打擾，並切實拒絕周圍的人在明知妳有安排還以不重要、不緊急的事務來打擾妳的情況。

02 什麼都想要 —— 時間有限、精力有限，確保要事

職場媽媽容易陷入的第二個迷思，是求全責備。什麼都想做，什麼都不肯放棄，最後結果就是什麼都沒做好。

每個人的時間都是有限的，精力也是有限的。時間安排最低效的做法，不是做事本身效率低，而是對做還是不做始終猶豫不決。

如果想好了要放棄一些事，那就可以騰出時間去做別的事。如果想好了要做，並且要做好，那就應該排除萬難，騰出時間，集中精力將其做好。

唯有反覆猶豫不決，最為耗神，會讓妳始終處於「發力不足」的狀態中。

職場媽媽一定要做好決斷，想清楚什麼才是對自己最為重要的目標。然後圍繞妳當前階段最重要的目標，選擇能夠幫妳達成目標的事務去做。

　　記住每次只定一個目標，圍繞這個目標來決定需要優先做的事。目標可以切換，可以調整，但原則上一次只能解決一個問題。

03 身邊誘惑多 —— 隔絕法、轉移法

　　還有些職場媽媽無法完成目標的主要原因是控制不住自己。很多女性覺得自己已經成家立業了，不可能自制力還那麼弱。然而事實是在這個資訊爆炸的時代，要想保持注意力並不是一件容易的事。

　　手機是剝奪我們注意力的最大元凶。許多人開始工作時會隨手把手機擱在一邊。每當 LINE 提示音一響，就會第一時間拿起來看。

　　雖然打擾我們的可能只是無關緊要的訊息，但當我們查看手機時，看到 FB、IG 的紅點會不由自主地點開看看。看完別人給自己按的讚，又忍不住看看社群平臺裡發了什麼消息，一來二去，等警覺過來，往往 30 分鐘就這麼過去了。

　　曾經認識一個媽媽，為了職場能更進一步，決定考證。說實話以她這個年紀學東西是很難。但她的問題並不完全是看不進去，而是控制不住自己要追電視劇。

　　照她的說法，早就習慣了每天都要看劇，每次坐在書桌前，把學習資料攤開後，都跟自己說，看一集再學吧，就看

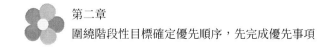
一集。結果每次都忍不住看兩三集。

對於這種情況，最好的辦法是採取隔絕法和轉移法。

隔絕法就是隔離誘惑源。如果妳總是忍不住看手機，滑FB，那就把手機鎖起來，做完事之前絕不碰。如果是喜歡追劇，就把追劇的 APP 刪掉。這樣就不會讓大量時間不知不覺溜走了。

至於轉移法，就是當控制不住想要玩，或者分心時，轉移自己的注意力。舉個例子，在寫方案的時候，如果發現核對資料太過枯燥，忍不住想要做點別的事時，可以先試著查詢文字資料，換一個任務做，就又能集中精力了。

凡是成功的人，都是能夠拒絕誘惑的人。職場媽媽想要達成目標，確實阻力重重，但只有克服自身的欲望，才能摘取到甜美的果實。

04 總是想放棄 —— 制定自己的 KPI

還有的職場媽媽總是無法堅持自己的目標，原因是畏難情緒較重。有些人覺得我都這把年紀了，上有老下有小，生活瑣事又那麼多，想要取得一點進步是不可能的。

恰恰是這種想法阻礙了職場媽媽更進一步。

如果實在總是想要放棄，可以試著制定自己的 KPI。首先把大目標拆分成很多可量化的小目標。然後給自己設置

KPI。比如學習任務可以用考試成績來衡量，工作任務可以用業績來衡量。每完成一個小目標，都要記得給自己一點小獎勵。

如此往復，長期正向激勵自己，慢慢地目標不知不覺就實現了。

小工具：三件要事執行清單

- 列出當下對達成妳的目標最有幫助的三件事。
- 列出要完成這三件事所需要的時間和資源。
- 列出阻礙妳完成三件事的困難。
- 為每個困難設計至少兩個解決方案。

本章小技巧

- 找出自己近期的目標事項，並整理。
- 記錄下自己的時間，看看時間都花在哪裡，並根據實際情況調整。

第三章

多事務並行應對工作生活雙重挑戰

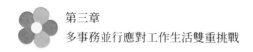

第一節
職場媽媽為何要多事務並行處理

01 工作與家庭是否無法兼顧？

每個職場媽媽都希望能工作家庭兩手抓，家庭和睦，孩子爭氣，事業有成。許多女性在一次次顧此失彼中下了這樣的結論：事業和家庭本就不能完美兼顧。

就連 Facebook 的營運長，身家過億的雪柔・桑德伯格（Sheryl Kara Sandberg）也在她的著作《挺身而進》（*Lean In: Women, Work, and the Will to Lead*）中說：當女人被家務事困擾時，在工作取得成功實在太難了。

身為女強人的桑德伯格，曾經因為備孕，拒絕了成為 LinkedIn（領英）的管理者；也曾因為早上來不及，差點讓孩子穿著校服睡覺；甚至有一次在帶著女兒出差時，發現女兒頭上生了蝨子，而那一次跟她同行的還有 eBay 的 CEO……

女人的成功本就不是唾手可得的，兼顧事業和家庭聽起來很美好，實際上需要女性付出巨大的努力。

事業和家庭的矛盾，本質上就在於對時間的爭奪。所謂家庭和事業的平衡，實際上就成了一個時間分配的問題。妳要如何分配時間，才能讓家庭和事業都達到一個「最佳解」？

每個人一天都只有 24 個小時，但每個人對時間的利用效率又有所不同。真正的人生贏家總是能找到時間分配的最佳解，把 24 個小時活出 48 個小時的效率來。

要兼顧事業和家庭，就必須找到屬於妳的最佳時間分配方案，這也是本書所要幫助妳解決的最大課題。

現在閉上眼睛，思考一個問題：妳的每一分鐘，都花在刀口上了嗎？

應用積木定製時間管理法，妳就能把重要的事情先定下來，把大塊的積木時間騰出來，用以實現對妳來說最重要的人生目標。用小塊的積木時間完成那些必須要妳完成的生活和工作上的瑣事。

02 那些又忙又美的職場媽媽是怎麼做的？

曾有一個年輕人，上山請教一位老禪師，說：我總覺得時間不夠用，每天都很忙，卻又覺得該做的事沒有做好。請老師教教我。

老禪師笑而不語,取出一個大瓶子,往裡面放了一塊跟瓶子差不多大的大石塊,問年輕人:「滿了嗎?」年輕人點點頭。

老禪師又抓了許多散在庭院裡的小石子,放進瓶子,又問年輕人:「滿了嗎?」年輕人又一次點頭。

老禪師接著抓了一把沙子,再一次放進了瓶子。

年輕人的眼睛都瞪大了,不等老禪師開口,就說:「這次可真的滿了。」

老禪師笑著搖搖頭,順手拿起桌上的小茶壺,往瓶子裡倒起了水。

年輕人若有所思地告別了老禪師。

其實時間管理就是這麼一回事,妳以為的「滿」,其實未必就是「滿」,究竟一天能做多少事,取決於妳到底是怎樣安排的。

那些重要又需要大段時間去做的事,就像大石塊,需要先固定下來。比如工作中的創作性任務,寫 PPT、作報告、開會這類;又比如必須心無旁騖陪伴孩子的高品質親子時間。

接下來放入的小石子,則代表了不太重要,或者所需時間不長的小事。譬如工作中打電話給客戶、回郵件、寫工作總結之類;又譬如生活中的跑步健身、買菜晾衣服之類。

最有意思的還要數沙子和水。妳會發現，無論瓶子裡裝了多少大石塊和小石子，始終還能添些沙子和水進去。

這是為什麼？

因為沙子和水不需要獨立的空間，它們可以和其他事情並存，跟其他任務一起做。

時間管理的關鍵就在於處理好沙子和水，也就是所謂的「多執行緒時間管理」。

多執行緒這個詞最初來自於電腦領域，當妳打開一臺電腦，可能會同時打開網頁瀏覽器看新聞，打開音樂播放機聽音樂，再登入 LINE 聊天……這些任務是在同一臺電腦同一時間進行的，彼此互不干擾，都能運行得很好。這就是多工並行。

同樣的，生活中，許多工作也可以同時做，以節省時間，提高效率。

有次公司聯誼會上，我聽到兩個女同事閒聊。

其中一個說：「我每天下班，光做飯就要一個半小時，做完都沒有胃口吃了。要是偶爾加班，等飯煮好，老公孩子早就抱怨得不行……」

另一個驚訝道：「妳做飯怎麼要這麼長時間啊？我最多 40 分鐘就全搞定了。要是早上出門前做了準備，晚上十幾二十分鐘就弄完了，哪要那麼久啊！」

　　兩人細聊之下，才發現，需要一個半小時的這位，幾乎做什麼都是單執行緒。

　　也就是說，她煮飯的步驟是這樣的：洗菜、切菜、炒菜、淘米，然後煮飯，每次只能做一樣，難怪她要耗時這麼久才能吃上飯。

　　而另一位呢，就是多工並行時間管理的擁護者，她是這麼做的：早上出門前淘好米，放進電鍋裡煮，下班回來就有現成的飯了。然後一邊切菜、洗菜，一邊燒著水，準備煮湯；炒一道菜的同時另一個瓦斯爐也沒閒著，要不煮湯，要不燉肉。遇到需要燉時間比較久的菜，都會在早上就設定好時間，用電燉鍋提前燉，下班回來只要炒個蔬菜就能吃了。

　　顯然後者的時間利用率比前者要高許多。

　　但是值得注意的是並不是所有的任務都可以多工並行，比如寫報告、做方案這些需要全部注意力高度集中的任務，就沒法跟別的任務並行。

　　盲目地同時處理幾件事，有時只會讓人陷入焦頭爛額的時間陷阱。這就需要職場媽媽能夠甄別出可以多工並行的任務，它們主要有兩種：

　　1、不需要過多人為操作的家用電器的執行時間：譬如使用洗衣機、電飯煲、電燉鍋、洗碗機、掃地機器人……這些家用電器可以自主幫助妳完成一些家務。

　　現代社會最大的時間紅利，莫過於可以利用各種電器來減少主婦的工作時間。巧用家用電器，可以節省不少時間。洗衣機在努力工作，幫妳清洗衣服的同時，完全不會耽誤妳去做其他事。

　　2、憑本能就可以完成的，不需要人投入注意力的任務：譬如敷面膜、搭公車、走路、吃飯、聽音樂等不需要思考就能做到的事情。

　　這些任務不會影響妳做其他事情，妳完全可以下載一些有聲學習資料，在上下班通勤時間就完成學習充電，妳也可以一邊敷面膜一邊刷 IG，做到身體和心靈的雙重放鬆。

　　多事務並行處理，能幫妳節省許多時間。當妳發現自己時間更充裕的時候，就能把多出來的時間重新分配給事業或者家庭，更好地平衡兩者之間的關係了。

小練習：時間管理清單

- 列出妳每天必須花大把時間完成的不可分割的重要的事。
- 列出那些不重要或者不用花很多時間就能完成的事。
- 列出機器能幫妳完成的事情。
- 列出不需要投入多少注意力就能做到的事。
- 找到可以同時進行的任務組合。

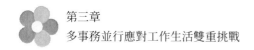

第二節

—— 多而不雜，忙而不亂的多事務並行處理 ——

01 跟著時間達人發現時間祕訣

「時間」是最公平的，它不會因為你是大富翁而多一分，更不會因為你是窮光蛋而少一秒，自始至終它就那樣安安靜靜走著，每天 24 小時、1,440 分鐘、86,400 秒，不多不少、不快不慢剛剛好。

班傑明・富蘭克林曾說：「世界上真不知有多少可以建功立業的人，只因為把難得的時間輕輕地放過而默默無聞。」研究也證實：我們普通人之所以平凡，很大程度是因為我們時間利用率不高。葛拉威爾（Malcolm Gladwell）在《異數：超凡與平凡的界線在哪裡？》裡提到過一個「一萬小時定律」：一萬小時的錘鍊是任何人從平凡變成世界級大師的必要條件。但現實卻是：除了工作和帶小孩，每天連一小時

我們都很難擠出來，更別提一萬小時了。

說起時間不夠用，就不得不提英國著名女作家艾蜜莉‧勃朗特（Emily Brontë）她的一生雖然只有短短 30 年，但她卻成了英國文學史上的奇女子。勃朗特的「奇」來自她所寫的《咆哮山莊》，這是一部被譽為英國文學史上「最奇特的小說」，小說裡激動人心的情節曾感染了無數讀者，但很少有人知道這本書是如何創作出來的。

勃朗特自幼家境貧寒，從小就承擔了家務，一天很少有閒置時間。但酷愛寫作的她從未放棄，沒時間就想方設法擠時間，時間不夠用就想盡辦法提高利用率。於是，揉麵時她會構思故事情節，掃地時她會揣摩人物性格，洗衣服時她會推敲用詞。有靈感了會立刻放下手中的工作，從衣袋裡掏出一枝鉛筆、一張紙，低下頭匆匆寫上一陣，然後繼續工作。當她頭腦中再次浮現靈感和創意的時候，她就繼續寫一會兒。積水成淵、聚沙成塔，一本傳世名著就這樣誕生了。

無論是葛拉威爾，還是與寫作「朝夕相處」的勃朗特，他們都透過自己的方式讓時間變得充裕起來。那我們是否也能借鑑他們的方法，讓自己的時間寬裕起來呢？當然！答案是肯定的。

不過，世界上沒有任何兩張相同的時間表，我們也沒有必要去刻意模仿他人的時間表。只有掌握了「積木定製時間

管理法」這一底層邏輯，才能根據自己當前大目標，進一步
提升和優化時間利用率。

02 巧安排讓妳比原來多出時間

這裡不得不再次提到我們前面說到的兩個概念：固定時
間和可變時間。

前面我們說了，「固定時間」是不能避免、無法改變的
時間，比如：吃飯、睡覺、工作的時間。而「可變時間」則
是一些相對靈活的時間，比如：家務、娛樂、休閒的時間。
只有合理安排這兩塊時間，我們的時間才會真正被我們所
用，為我們服務。

先來說說「固定時間」，固定時間的最大特點是沒法改
變，這塊時間我們每天必做，無法節省或取消。總不能說，
為了節省時間我不吃飯了、不睡覺了吧？顯然不可能。前面
說過，我們能為「固定時間」做的就是：提升效能和一雞
多吃，但具體怎麼做，有沒有步驟技巧？今天我們就來深入
談談。

提升效能很好理解，就是盡可能提高單位時間內的產出
效能。那具體要怎麼做？這裡有個小技巧，我們可以追蹤記
錄自己一週的時間花費，找找自己效能最高的時間段，盡可
能將每天最難完成的工作都放在這個時間段內完成。

比如：有些人是晨起型，他們每天剛上班那段時間效率最高，那就試著將一天最重要的工作都放在早上來做。也有人是貓頭鷹型，他們晚上效率高，那麼重要的事就可以放在晚上來做。總之就是在經歷最好的時候完成最重要的事，會讓妳有事半功倍的效果。

而所謂的「一雞多吃」就是做一件事，多找幾個目的。比如：工作時妳可以單純的完成工作；也可以即工作又提升自己專業技能，同時拓展自己的人脈。再比如：打掃家務時，妳可以是單純的打掃家務；也可以是既打掃家務又聽音訊課程等等，這就是所謂的「一雞多吃」。「一雞多吃」的技巧就是那些不需要單執行緒全心投入的事情，我們就不要將眼光局限在當前正做的事情上，而要找找是否還能同時達到別的目的。

接著來說說「可變時間」。前面我們說了可變時間需要透過「調整結構」和「利用碎片」來管理，它是時間管理的關鍵，決定了我們時間管理的成敗。那針對「調整結構」和「利用碎片」又有哪些技巧需要格外注意呢？

調整結構的關鍵其實在於找準自己的大目標，因為可變時間最終都要圍繞大目標進行調整。這裡的技巧是，找一個大段的閒置時間，比如週末下午拿一張白紙，花半天時間把自己所有的目標都寫下來。然後把那些一閃而過、一時興

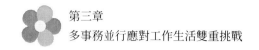
起、略顯遲疑的都刪掉，保留 1 ～ 3 個自己最想做的。再對
這幾個目標排序，把現階段妳最想為之付出的那個目標找出
來，剩下的就是把我們的可變時間向這個目標靠攏。

　　比如：現階段妳最大的目標是「高品質陪伴孩子到 3
歲」，那麼就把每天看綜藝、刷影片的時間，用來搜集有
趣、內容豐富的親子遊戲；把晚上看電視的時間，用來陪孩
子玩遊戲；把早起賴床的時間，用來為孩子做一頓豐富的早
餐等等，總之就是讓可變時間都服務於「高品質陪伴孩子到
3 歲」這個目標。

　　利用碎片時間的關鍵則在於：妳的時間到底有多碎？這
裡我們把碎片時間也做個簡單分類，小於 5 分鐘的我們稱為
「超級碎片時間」、5 ～ 10 分鐘的稱為「普通碎片時間」。
研究發現做任何一件事情都需要一段時間來進入狀態，換言
之如果僅有 5 分鐘超級碎片時間，但妳卻用來思考新專案方
案，顯然一定不會有結果。而如果妳用這 5 分鐘，打一通電
話和許久未見的閨蜜聯絡下感情，一定會有新的收穫。

　　如果想快速進入狀態，我會建議妳在「超級碎片時間」
去完成邏輯最淺、進入狀態最快的非邏輯類任務，比如：回
個 LINE、想想晚上吃什麼等；「普通碎片時間」稍長，則可
以用來完成「簡單推理」，比如：收集一些工作資料、閱讀
一篇育兒文章等等。

　　總之，不管固定時間還是可變時間，只要懂得合理規劃，一定會讓時間更加充分。這裡推薦大家一個好工具：日程表。

03 用好日程表，再多事情也不怕

　　事實上，不止比爾蓋茲等成功人士喜歡用日程表，現在越來越多的普通人也加入了使用日程表的行列。日程表能一目了然地看到全天計畫，並把事情按實施順序分類，捨棄不需要的任務，優先處理緊急和重要的任務，確保各項事情及時有效推進、並在規定時間內完成既定任務。

　　心理學研究發現，計畫一旦寫下來，實施者將不會坐等別人先行動，他們會變得更加積極主動，從而更容易擁有控制權。

　　當然，日程表可以很精確，比如：精確到幾點幾分；也可以是個大概的範圍估計，像是簡單列一下今天要完成的 3 件事，這都算日程表。把自己每天要做的事寫下來，把重要的事放在妳的高效時間完成，每做完一件就在後面打勾，慢慢地妳會發現再多事情也不怕了。

表6　日程表

日期	時間	地點	任務	參與人員	備注

小練習：固定時間與可變時間盤點

- 選定一週時間，從週一開始，每天記錄自己的時間花費。

- 從記錄表中找到固定時間，想想哪些時間可以「一雞多吃」或哪些可以提高效能。

- 盤點可變時間花在了哪裡，找出哪些時間需要調整結構，哪些時間屬於碎片時間？

第三節

── 工作生活兩不誤，如何做好多事務並行處理 ──

01 工作＋生活，而不是工作 or 生活

網路上有一個這樣的問題：「老公年薪百萬，妳願意全職嗎？」

這個問題有 1,079 萬人瀏覽，近 4,000 人回答。

媽媽們關注這個問題，是因為大家難免有這樣的疑問：有了孩子以後，我們是不是應該在工作和生活中做取捨？

可是，我們一旦真的做了取捨，往往又可能會面對其他困境，比如：家庭收入並不足以承擔家庭的支出、女性個人與行業乃至社會脫節、孩子無人照料、重返工作困難等。

在韓國電影《82 年生的金智英》裡，這種取捨困境被展現得淋漓盡致。

女主角金智英大學畢業後在知名企業做設計，卻不料結婚後迅速懷上了女兒。為了生育和照顧女兒，她辭職做家庭主婦，可是個人的職業追求與養育女兒的衝突對撞，讓她備受煎熬。

金智英這個名字在韓國非常普通，很多女性都叫這個名字。所以，電影中展現出來的女性困局在韓國很普遍，甚至也可以說在亞洲乃至世界範圍內都很普遍。

由此看來，對我們大多數女性來說，工作和生活之間並不是一個選擇題，而是一個加法題。

我們既要工作，也要生活。

02 提前規劃，讓時間充滿價值

既然工作和生活是一個加法問題，而不是取捨問題。那麼，媽媽們需要做好規劃，讓工作和生活系統結合。

◆ 第一，人生的重大事件要預先規劃

作家柳青在他的長篇小說《創業史》一書中寫道：「人生的路很漫長，關鍵處就那麼幾步。」這句話充滿了人生智慧。

對諸如結婚生子、跳槽轉行等人生重大事件，媽媽們要權衡利弊、考慮清楚。如果這關鍵的幾步走好，人生會大不一樣。

電影中金智英的困境，就在於她沒有提前規劃好自己的生育大事。如果她能在生育之前，充分考慮好公司政策、孩子的養育方式、過渡期 1 至 2 年的職場個人路徑以及能力提升規劃等問題，同時做好心態調整以及與老公的溝通，可能就不會在產後重新就業時感到舉步維艱。

◆ **第二，中長期規劃重在納入短期規劃中分解和落實**

當媽以後，很多女性還是會有自己的職場「小目標」。那麼，我們可以把一段時間內的職場目標分解到每月、每週甚至每天，和日常生活一併考慮、妥善安排。看似遙不可及的目標一旦具體化，就能一步步落實。

比如：我的一個女學員的經歷很有代表性。她家有五歲的兒子，個人職場階段性目標是當上公司的財務總監。她所在的公司非常看重學歷，而她欠缺相應的學歷。於是，她確定了目標考在職 MBA。

她找到我，問：「老師，我覺得要做的事情很多，壓力好大，我該怎麼做時間管理呢？」

我和她研究了在職 MBA 考試的時間節點，建議她根據筆試、線上申請、面試三個時間節點將在職 MBA 備考任務分解到每個月，根據自己的情況再進一步分解到每週、每日，利用午休、下班後和週末完成應試準備工作。

這個女學員對親子關係很看重。我們討論了她每天下班

後的時間安排。溝通之後，她決定將原來兩個小時與孩子交流、做親子共讀或戶外活動壓縮到一個小時，之後由她老公引導或由孩子自行完成課外輔導班的作業和鋼琴練習。她還把做晚餐和部分家務「外包」給保母，請保母每天來家做一小時的家事。

在這個真實的案例中，女學員將中長期階段性目標做了分解，短期任務非常明確。她把工作和家庭生活做了統籌，各方面都照顧得不錯。後來，她順利地通過了在職 MBA 考試，工作得到了老闆肯定，也沒有影響親子關係。

◆ 第三，規劃時可以多想一點，執行時可以稍微彈性一點

提前規劃時，要考慮地盡可能更周到一點，尋求家人或保母的幫助和支持要具體、明確。執行的過程則要「抓大放小」，不要把時間管理得太死板。

比如：那位備考 MBA 的女學員，她需要老公晚上八點之後帶孩子，又很在意兒子的鋼琴練習，就不妨和老公明確具體要求 ——「八點後帶孩子」和「孩子休息前必須完成規定時長的鋼琴練習」。如果老公因為臨時有工作不能帶孩子，她也要做好「B 計畫」，和兒子溝通好讓兒子自行完成多少頁習題、請婆婆協助督促兒子等。

如果某天她因為突發事件沒有完成備考任務，那麼也不要對自己太過苛刻，不妨週末追追學習進度。掌握了大致的

時間節點，剩下的就是根據個人情況適度調整。

媽媽不是「超人」，但媽媽可以盡可能的安排好工作和生活。

規劃讓時間充滿價值感，讓人生井井有條。

03 主動休息，能量滿滿好出發

這幾年，優秀女性因為「過勞」出現心理問題或身體狀況的事件頻頻被新聞媒體報導。

國外一位 35 歲的周姓女法官自殺。周女士工作敬業，曾經榮獲多個殊榮，去世前二寶還在哺乳期。她曾經和朋友說，生二胎僅僅是為了休個產假，喘口氣。

32 歲的余姓女教師因為罹患乳癌去世。她在生前著作中提到，自己生性好強，近 10 年來很少在晚上 12 點之前睡覺。她反思：「任何的加班，給自己太多的壓力，買房買車的需求，這些都是浮雲……」
……

我們每個人都對人生充滿著期待，對自己有要求，這很正常，也無可厚非。

但要時刻牢記，人生是一場馬拉松長跑，而不是一個短跑。

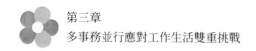
對自己的時間管理，要包括休息和身體鍛鍊。足夠的睡眠、瑜伽、冥想……找尋適合自己的休息方式，才能精力充沛地再次出發。

工作生活越忙，越要主動休息。

會休息的人，才能獲得更閃亮的人生。

第四節
多事務並行處理的關鍵訣竅

01 為一段時間找出多項功能

　　每個人都覺得自己可以一心多用。比如說一邊做作業一邊看電視，或者一邊上網一邊和家人交談。其實並不然，我們所謂一心多用，只不過是快速地在不同任務之間切換。很多科學家都做過一些研究，表明這個世界上絕大多數的同步思考能力是非常有限的。

　　猶他大學心理學教授史特雷耶（David Strayer）認為，「一心多用者」大多是遺傳。絕大多數「一心多用者」，生來就更擅長多工處理，不具備這個遺傳基因的人，即使再多的練習也不可能做到「一心多用」。

　　史丹佛大學（Stanford University）的獨立研究顯示，經常一心多用的人，進行更多的多工處理會變得更糟糕。所

以，除非妳是天生的「三心二意者」，否則不可能透過練習
變得一心多用的。

通常情況下，人的大腦一次只能完成一項任務。可能有些人
會認為一心多用能幫助我們節省很多時間，並提高我們的效率。
可是實際上，當妳在看邊看電視邊和家人交流的時候、又需要撰
寫今天的工作匯報，那麼妳就必須同時觀看、交流、書寫。

這就好像妳的大腦是一條公路，而需要完成的任務就像
同時駕駛一輛輛汽車，它們必須在妳大腦裡行駛。當很多輛
汽車同時試圖擠進一條公路，結果往往是災難性。

但我們不妨可以嘗試另一種思維來看待這個問題，比
如：妳可以透過合理的規劃和分配的時間，來達到類似「一
心多用」的效果。

如果妳是一位全職媽媽。需要接送孩子去輔導班，同
時妳也需要去超市購物，妳要抓住到這兩項任務之間的共
性 —— 都在同一個方向，而這個共同點就是妳切入的方向。
不要注意力都集中在完成每個單獨目標上，而是拆散開來，
比如在送孩子去輔導班的路上順便去超市購物，這樣就實現
了在同一時間處理兩項任務的效果。

平時處理任務的時候多思考，看看有哪些目標可以透過
這種辦法組合在一起。

有時候並不是有人看起來「三心二意」，而是很多人做

不好時間管理。兩件事同時進行的例子很多，關鍵是媽媽們要懂得去發現，去合理優化。

擔心沒時間敷面膜、做保養？利用吹頭髮的時間。

想要充實自己？下載有聲書、音訊課，做家事或上下班路上隨時可以聽。

我們可以把有著共同操作流程的事情拿到一起來做，無疑能節省很多時間。

所有那些看起來不可能完成的「一心多用」，無非是洞穿了事物之間的緊密連繫。

02 進入心流，讓時間更高效

什麼叫心流？《心流》（*Flow*）這本書中這樣解釋：當你有一個目標，這個目標對你又有一點難度，而你的技能又可以初步達成這個目標的時候，你開始投入心力，你的注意力被立即的回饋吸引，而環境又逼迫你作出回應。

「心流」這個詞很形象，把人的意識比作洋流，只要保持專注，意識就像水流一樣就帶著你暢遊。想想那種水到渠成的心理感受，多麼幸福。

妳也許就有過心流體驗，比如閱讀、畫畫、下棋、玩遊戲的時候，妳忘記時間、忘記上廁所、忘記吃飯，這就是心流狀態。

著名英國鋼琴藝術家傅聰先生是在安靜中誕生的大師。20 歲在波蘭留學時，有段時間每天都有音樂會，他仍然保持每天練琴 8 小時。

他的排程是這樣的：

開音樂會的日子，我總是從九點到下午三點練琴，然後中飯，睡兩個小時，七點或七點半音樂會，大概十點結束，再練琴兩小時，到十二點回旅館吃晚飯，然後睡覺。

這在我們常人看來，異常辛苦。但傅聰可不是逼著自己刻苦的，相反，他非常享受練琴：「我一個人清淨地工作時，才是最愉快的時候。我怕任何人來擾亂我。」

心流是讓人幸福的體驗。

事實上，掌握一門技能，或是從事創造性工作，都需要消耗大量時間，把大部分時間留給自己是必須的，否則妳將得不到什麼。

03 巧藉助力，讓事情做起來更輕鬆

身為媽媽，無論是職場媽媽還是全職媽媽，常常有一種「瑣事太多」的感受。

一會兒要工作，一會兒要接孩子，一會兒要做家務⋯⋯要做的事情太多，時間不夠用。

首先，善用先進科技。

現在的科技越來越發達，能運用的家務設備也越來越多。

比如：掃地機、拖地機、洗碗機、料理機，它們雖然價格不菲，但卻可以有效節省媽媽們最寶貴的時間！

其次，利用一切可以利用的人力資源。

很多媽媽感到焦頭爛額的原因，是因為沒有幫手，家裡的大小事情都落在媽媽的肩膀上，媽媽當然累得半死！

我們可以充分調動家裡的人手，包括孩子。平時，我們大家都覺得孩子最金貴，捨不得讓他們做家事，但實際上，孩子也是重要的人力資源，孩子漸漸長大，能做的家事越來越多，比如收拾玩具、髒衣服，收碗、洗碗、晾衣服等等。

讓孩子承擔家事，不僅能夠減輕媽媽的家務負擔，也可以鍛鍊孩子的動手能力、組織能力，讓孩子體會到勞動的必要性，使家庭更有凝聚力！

同時，家庭如果經濟條件允許，也可以僱用保母、鐘點工。

很多人在考慮僱人的時候會感到不習慣，覺得家裡有外人，不舒服，又貴，工作的效果也不一定讓人滿意。

第三，降低家務的完成標準。

家務是世界上最無標準的事情之一。

很多媽媽喜歡將家裡弄得特別乾淨，花費了大量時間，但粗心的家人可能根本就看不出來，自然也不會對媽媽的勞

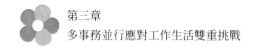
動給予充分的認同。

　　既然如此，媽媽們不妨降低家務的標準，擦兩遍的地板與擦三遍的地板有什麼區別呢？

　　放過自己、降低標準，時間不就省出來了。

資源庫：好用工具清單（家務篇、出行篇、設備篇）

家務篇

　　像掃地、洗碗、洗衣服的家事，通通交給科技，這樣子媽媽們就可以解放雙手。

出行篇

　　出門盡量選擇開車的方式。

設備篇

　　時間管理上不能少了科學的管理工具，這樣會讓自己更充分利用時間，而且更有成就。

　　我們可以用一個本子做一個週計畫，不用買太複雜花俏的手帳本，一張 A4 紙也就足夠了。週計畫可以方便不需再單獨做每日計畫，只做簡單的事件提醒。

　　關於週計畫，不要太有野心，也就是計畫不要太大、也不要太滿，要結合自己時間控制能力來制定。事後，補記一些事件，便於了解自己時間使用情況。

本章小技巧

用好日程表，記錄好自己每天要做的事，每做完一件就在後面打勾，一段時間後，從記錄表中找到固定時間，想想哪些時間可以「一雞多吃」或哪些可以提高效能。

盤點可變時間花在了哪裡，找出哪些時間需要調整結構，哪些時間屬於碎片時間。

第四章

主動用好碎片時間

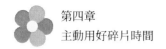
第一節
時間有限，每一段都很重要

01 學會計算時薪這筆帳

　　韓劇《請回答1988》裡的這段話，曾經感動了無數人。「聽說神無法無處不在，所以創造了媽媽，媽媽這個詞只是叫一叫，也覺得喉間哽咽、觸動心弦。」如果妳是一位全職媽媽，那麼妳每天忙著照顧孩子，還要處理家務瑣事；如果是一位職場媽媽，妳在公司狀態緊繃，回家後還要做飯帶孩子；如果是一位二胎媽媽，那任務更是艱巨，除了要在兩個孩子間無縫切換，更要兼顧他們的情緒問題。

　　但，無論是哪種媽媽，妳一天都在工作24個小時，而且全年無休。寶齡有個廣告特別有新意，它提出了一個發人深省的問題：「如果媽媽作為一份需要支付薪酬的職業，那每

個家庭必須支付給媽媽多少錢？」職場媽媽的時薪是多少，讓我們小小的來算一下。

6：30，起床，花半個小時盥洗化妝。

7：00，開始叫孩子起床，從低聲細語到大聲咆哮，才終於把孩子從被窩裡拉出來；7：40，穿好衣服、洗漱完畢磨磨蹭蹭出門時，孩子的起床氣還沒消。

送完孩子，開車上班。起了個大早，還是趕上了塞車尖峰，到公司門口打卡時，8：59，好險還有一分鐘就遲到了。

9：00～18：00，工作，討好上司培養下屬，中間還不時看看手機，萬一幼稚園老師聯絡呢？

18：00，工作還沒完，但是得先回家接孩子。接回家後，匆匆忙忙準備晚餐，然後陪玩，中間還得抽空回覆一下上司和客戶的 LINE。

21：00，讓孩子盥洗乾淨，上床，開始講晚安故事。

22：00，孩子終於睡著，差點把自己也哄睡著了，掙扎著起來加班！

24：00，洗完澡，終於可以把自己放倒了。

以一名職場媽媽如同打仗的行程表為例，首先我們要計算出她所有與工作有關的時間。這位媽媽每週的工作時間是965，回家後還要加班大約是 2 小時，上下班花在路上的時間

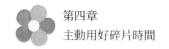

可能是 1 小時，也許工作之外還要參加工作培訓，用來提升自己的時間一週大約 3 小時。

工作時間：8 小時／天 x5 天 x4 週＝ 160 小時／月

加班時間：2 小時／天 x5 天 x4 週＝ 40 小時／月

通勤時間：1 小時／天 x5 天 x4 週＝ 20 小時／月

培訓時間：3 小時／週 x4 週＝ 12 小時／月

這位媽媽全部時間加起來，並不是我們想當然的 160 個小時，而是 232 個小時，足足多出了 72 個小時。是不是比想像中多出很多，一個職場媽媽真的是非常不容易的。

其次，我們要計算出所有與工作有關的費用。職場媽媽有了孩子後，在自己身上的投資會比以前節省，比如治裝費可能一個月只需要 1,500 元，保養品 500 元，每週上下班開車的油錢大概 1,000 元，每天的平均開銷 250 元（包括午飯、手搖杯或是咖啡），有孩子後很少與同事聚餐，也許一個月 2,000 元就可以了。那麼，這筆費用就是：

油費：1,000 元／週 x4 週＝ 4,000 元／月

餐費：250 元／天 x5 天 x4 週＝ 5,000 元／月

聚餐：2,000 元／月

治裝：1,500 元／月

保養品：500 元／月

　　所有這些零零碎碎的費用加起來，雖然賺了收入回來，但是為了賺這些收入，職場媽媽付出了 13,000 元。所以，我們不能簡單地用賺到的收入／工作時間，這個時薪太片面。這些只是海平面上可見的冰山，海平面下隱藏著更多更大的冰山，那就是時間成本和費用成本。真正的時薪＝（收入－支出）／總時間。

　　如果估算這位職場媽媽的月薪為 50,000 元／月，那麼她的時薪＝（50,000 元／月－13,000 元／月）／232 小時 ≒ 160 元／時。是不是很意外，這樣算起來並不高。但是如果職場媽媽能把時間用對地方，不用時間換取蠅頭小利，而是用來習得知識、結交人脈，獲取資源、陪伴孩子，那麼她的時間將大大的增值，時薪也將隨之大幅成長。

　　窮人思維提倡「用時間換金錢」，而富人思維則正好相反，「花錢買時間，然後用更多的時間提升自己或賺更多的錢」。如果總結一下的話，那就是要麼花錢，要麼用心。我們身處現代化的社會，其實很多東西都是可以外包的，家務可以外包給專業人士，做飯太耗時可以叫外送。外包甚至還可以泛指妳的家人和朋友，妳可以找到家人給妳一些支援。

　　創業後，外包還包括妳的員工以及合作夥伴，妳都可以透過外包去解決時間上的一個困難。找到能幫妳的人，這個非常重要，不論從什麼途徑，都需要去思考去解決。找到能幫妳的

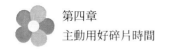

人，這個事情是永遠值得妳花時間去做的，一個好幫手非常難得，因為他不僅可以幫妳節省大量的時間，還能為妳的時間標價。把妳的積木定價後，我們才能更好的思考投入產出比。

02 尋找小積木的多種用途

吉田穗波是日本的一名婦產科醫師，工作十分忙碌。有一次女兒生病了，讓吉田穗波在疲於應付的同時，也萌生了「若想改變現狀，只能積極提升自己的程度」的想法。於是，她決定去哈佛念書，憑藉著有效的時間管理，她不僅在半年內考上了哈佛，也同時懷上了第三胎。

對於時間的管理，吉田穗波說：「想多元利用時間的媽媽，要把完美主義放一邊，把『非要完成，完美』改成『做一點是一點』，那就會有新突破。」比如在晚上 7 ～ 9 點有個讀書會，她非常想去，但是因為要照顧孩子，所以晚上 8 點之前一定要回家。但最終她還是去了讀書會，雖然整塊時間被切割成了不完整的 40 分鐘，就像零碎的積木。但是去了就有 40 分鐘的收穫，比完全不去強得多。

時間管理是個動態的過程，職場媽媽要工作、上班、帶孩子，時間就變得如同一塊塊積木，想做一些正經事卻無法把這些積木搭成大廈。尤其在現代社會，電話和 LINE 把時間打成更小的積木碎片，新媒體的出現更加劇了這一趨勢。

但小積木時間就什麼都做不能了嗎？魯迅先生說：「哪有什麼天才，我只不過是把別人喝咖啡的時間用在了工作上。」想必，魯迅先生的成功，也是具備了利用喝咖啡這種搭建積木的工作能力。

妳可以問自己一個問題：妳可以利用的最短時間是多長，是 1 分鐘還是 3 分鐘？那妳的 1 分鐘可以搭建什麼？妳的 3 分鐘可以搭建什麼？妳的 5 分鐘可以搭建什麼？妳的 10 分鐘可以搭建什麼？多數人面對這個問題，往往給不出 3 種以上的答案，有些人則全部回答刷 IG。當這些小積木找不到合理的用途時，它就成了無效的時間，全部浪費在了毫無意義的事情上。

但是，如果我們可以好好運用這些積木，那麼可以在零碎的時間內慢慢完成一點點的小任務，合起來就可以完成一個大目標。比如寫一篇文章，可以在路上收集素材攢靈感，然後在不忙的時間列出提綱，最後用連續的整塊時間一口氣寫完。可能真正需要寫作的時間只有那 1 ～ 2 個小時。

或者是健身，沒有很多時間去健身房，就把時間分解，用積木時間找個地方伸展和壓腿，不用交通工具選擇走路或者騎腳踏車上下班，這些都是用小積木的時間做事。小積木時間的效用就是，將整塊的時間用於想做的事，充分利用零碎的時間做該做的事。

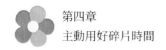
03 定製妳的小積木使用清單

　　有位老闆每天堅持凌晨四點起床鍛鍊，晚上一直工作到很晚就寢。從他的時間規劃裡，我們可以總結出時間的三大特點：不可逆性、有限性和差異性。每個人的時間觀決定了它的時間價值，那定製一套屬於自己的時間管理方法是非常重要的。

　　時間如同積木，對於每個人來說，時間觀、人生觀、可支配的自由時間以及時間顆粒度都是不同的。當一個人在比較悠閒的工作環境，或是在讀書期間，那麼時間顆粒度可能是一個小時，也就是說 30 分鐘它就作為一個週期來安排自己的日程。但是，對於非常忙碌的商業人士，或是一些國家領導人，那他的時間顆粒度可能是 15 分鐘，有的個別的可能達到 5 分鐘。

　　時間顆粒度和積木時間有相似又不同，時間顆粒度是固定的循環，但是積木時間卻有著 1 分鐘、3 分鐘、5 分鐘的長度區別。我們可以為每一樣小積木時間單位找 3 ～ 5 種有價值的用途，比如 3 分鐘回覆一條訊息，收看一下不重要的郵件。5 分鐘構思一篇企劃，查找一個方案素材等。

　　然後結合生活的場景思考一下，搭車時的 3 分鐘可以搭建什麼，午休時的 3 分鐘可以搭建什麼。這樣在任何場合只要一有小積木時間，馬上就能完成一件搭建的小任務，而不是需要臨時思考。在各種自由組合種就能完成不同的搭建工作，這樣就能慢慢地把每天的積木時間串聯起一件重要的工作。

小練習：妳可以利用的最短時間

現在問自己一個問題，妳可以利用的最短時間是多長，是 3 分鐘還是 10 分鐘？

妳的 3 分鐘可以搭建什麼？

- 午休
- 辦公室
- 通勤
- 等車

妳的 5 分鐘可以搭建什麼？

- 午休
- 辦公室
- 通勤
- 等車

妳的 10 分鐘可以搭建什麼？

- 午休
- 辦公室
- 通勤
- 等車

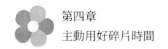

第二節
—— 多角色場景化妳的小積木 ——

01 媽媽的小積木使用

一個人，要麼被生活拖著走，要麼拖著生活走。

身為媽媽，如果不主動去利用時間，那麼結果可能就有 3 個：1、被孩子和家務拖著走；2、被工作拖著走；3、被老公和公婆拖著走。

這麼說或許有人會覺得，即使不被生活拖著走，那也是要拖著生活走。還不是一樣累？

不！不一樣。這其中雖然只差著一個「主動」，但實際上卻決定了妳的生活裡有沒有自己！

我提倡媽媽們「給自己一小時」，做什麼呢？就是做自己。

有一個測試是給人際關係排序的,「孩子」、「父母」、「伴侶」、「自己」、「兄弟姐妹」、「朋友」,要怎麼安排優先順序?

大多數的媽媽都把「孩子」、「父母」或者「伴侶」排前面,後面才是「朋友」、「兄弟姐妹」和「自己」。往往把自己排在最後!

過年買衣服、過節選禮物都是先買給孩子、老公,再買給公公、婆婆以及自己父母,朋友、兄弟姐妹都照顧到了,最後才是自己。

不光花錢是這樣,時間分配也是如此。我有一個學員,她就是把自己排在最後的一個典型。

她跟我說,「老師,哪有時間給自己?我每天一睜開眼,就是圍著老公、孩子轉,伺候完一家人早餐,匆匆忙忙換好衣服,連化妝的時間都沒有。就得送孩子上學,然後自己去上班。」

「8 小時的工作加上交通和午休時間,就得 10 多個小時。回到家已精疲力竭,還得煮飯、做家務、輔導孩子功課,再加上一些人際應酬、禮尚往來的瑣事,在上床睡覺前早已累癱,還哪有自己的時間?」

這樣的優先順序排序,只怕是有時間也沒精力。

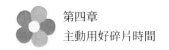
　　所以，職場媽媽才更要化被動為主動，不能被生活拖累，要培養「拖著生活走」的主觀意識。

　　每天先給自己留出 1 小時，拿出 2 個積木顆粒時間（每個半小時）給自己，把自己的優先順序提到最前面，只有愉悅了自己，讓自己充滿能量，才能惠及身邊人！

　　做媽媽真的很忙，忙到連「每天拿出 1 小時給自己」這樣的小目標都成了奢侈，那麼沒關係，我們可以把這「1 小時」再切分，分成 2 個「半小時」。

　　媽媽們可以整理下自己的小積木使用情況，記得要給自己留一塊積木。

02 工作的小積木使用

　　在家想要做一個合格的好媽媽，在職場想成為一個努力上進的好員工。職場媽媽兩邊都要顧，又都想顧好，該怎麼做？

　　臺灣作家龍應台在《孩子你慢慢來》書中提及，她產後沒幾天就回淡江大學教課了。華安出生後兩個星期，她就把孩子繫在胸前去走觀音山。

　　龍應台是知名作家，她生了兩胎，出了三本書。龍應台也是凡人媽媽，她也會在做「母親」還是做「自己」之間不斷平衡取捨。

一次她的好友 —— 美麗且獨立的若冰到她家裡，看著她一地雞毛的老母親生活，試探地問：「妳的生活怎麼過的？」

那時候龍應台在家寫作帶孩子，她回答：早上七點多起床，伺候完兒子再整理好自己，要到十點鐘才能開始工作。下午四點去幼稚園接孩子圍著他轉到九點，孩子睡了自己也幾乎累癱。

但即使這般，她還是能拿出時間做自己喜歡做的事情。祕訣就在於 —— 她每天都在想著那些她想做的事。那麼，拿出 1 小時時間來做自己喜歡的事，就容易多了。

很多媽媽當了媽媽後都不知道自己喜歡什麼了，因為根本沒有時間想這個問題。那麼就從婚前那時候想起，不管是愛讀書、畫畫，還是喜歡化妝、購物、做瑜伽，什麼都可以。

現在線上課程很方便，想學什麼在網路上都能夠獲取到好資源。可以利用午休這一個積木顆粒時間來聽課，或者閱讀、畫畫，看直播主教化妝課程，甚至買買買。

這樣一來，從上下班的交通時間裡各拿出一個積木顆粒時間，能從午休時間裡再拿出一個積木顆粒時間的話，一共就有了 1.5 小時屬於自己的時間，豈不可觀？

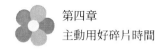

03 家庭小積木使用

　　下班回到家後，再安排出一個積木顆粒時間給自己那更是輕而易舉。比如：晚飯後把陪孩子的工作交給爸爸，美其名曰父子專用甜蜜時光。

　　父子的話可以一起下棋，一起玩遊戲；父女的話可以一起出去散步、遛狗。做什麼隨他們意，反正飯後要消食嘛！

　　相信提出這樣的建議爸爸和孩子都會很歡喜。當然，最歡喜的還是自己，平白又多出了一個屬於自己的時間積木顆粒，做做護膚，找找閨蜜聊聊天。

　　此外，要擅用工具和借力。像洗碗的這樣的工作想安排出去至少有兩種方法，一是買個洗碗機，二也可以提議父子（女）時光先一起洗碗再開啟。

　　當然，如果有和公婆住一起，那還可以像伊能靜學習，飯後跟婆婆撒嬌「我最不喜歡洗碗了，媽媽妳幫我洗好不好？」要麼借力，要麼花錢，二選一。

　　科技時代，主推擅用工具。LINE 聊天用語音比打字高效省時；經常需要寫文案的話，善用「語音轉文字」、「圖片轉文字」功能來幫妳節省時間⋯⋯

　　還有硬體方面，電腦、手機該更新就更新，該升級就升級，這些工作、生活上使用頻率極高的電子設備如果太兩光，那麼一天一點累積下來會成為妳的「碎時間機」。

做媽媽的時間已經很碎了，職場媽媽更碎！

所以，對時間的流逝一定要時刻保持警覺，沒養成主動掌控時間習慣以前，可以用記流水帳來幫助自己觀察時間的流向。然後，再做統籌。

堅持記一週的時間流水帳，按時間順序記錄事件摘要。記滿一週後，分類統計，看看自己過去一週內的時間分配合不合理。

如果妳發現自己花了大量時間在通話方面，那麼在之後的溝通中要試著精煉語言；如果妳看到自己的工作時間被幫同事打雜占用了不少，那麼在日後就要注意學會適當的拒絕。

不只是同事，有時候家庭成員也會無意間占用媽媽的大量時間，比如孩子都讀國小了，還需要媽媽幫忙洗澡、陪著睡覺，那麼需要訓練孩子這些事情自己做。

每天拿出 2 個積木時間顆粒主動交給自己（透過我上面的分享拿出 2 個小時都不難），別小看這 1 小時自由時間，一年下來那可就是 365 小時。

有數量的累積，才會有品質上的提升！不想看著現在鏡子裡這個連自己都覺得討厭的人，就從現在開始做些改變，為自己想要的未來而努力！

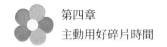
小練習：小積木三維度模型

- 把自己排到優先順序的最前面，每天拿出 1 小時時間，先愉悅自己，再惠及身邊人，這個點妳 get 到了嗎？
- 讀完本節，參照職場媽媽的小積木使用，妳是否找到了每天中屬於自己的那 1 小時？
- 找回自己曾經的喜好，在每天屬於自己的這 1 小時裡盡情享受，別受工作和生活干擾。

第三節
讓小積木服務妳的目標

01 將任務細分到每一項

花一點點時間，在工作開始時，寫下今天要完成的所有任務，簡單評估一下他們的重要性和需要花費的時間，然後將重要的事放在狀態最好的時間段來完成。

關於任務等級的劃分和認定，前面提過「緊急與重要的四象限管理法」。它是一個簡單的任務象限劃分，非常高效精確，讓職場人士避免把大部分精力浪費到不重要的事務上。

除了精力的變化之外，還有沒有其它分類依據呢？當然還有。

現在是網路時代，網路時代最大特點是許多人的時間變成「被打碎的花瓶」。

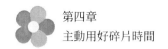

這樣看來，每個人每天用來執行任務的時間，還可以分為整塊的時間和碎片的時間。

完成任務的時間是整塊還是碎片，可以成為分類的第二個參照維度。

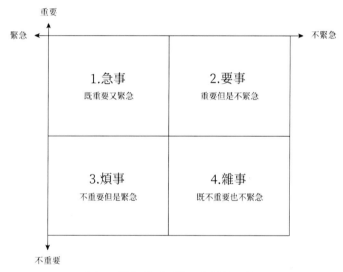

圖4　緊急與重要的四象限管理法

以「精力好與差」與「時間整塊與否」兩兩相結合，劃分出四個區域：整塊時間且精力好、碎片時間且精力好、碎片時間且精力差、整塊時間且精力差。

這樣，就變出4種任務執行時段的分類：

整塊＆精力好、碎片＆精力好、整塊＆精力差、碎片＆精力差。

這樣，就好比是一張搭建圖紙，大家都陪孩子一起搭過樂高積木吧，圖紙非常重要。

02 用小積木完成任務的訣竅

時間管理需要計劃嗎？的確需要。但絕對不需要妳花費很多精力去寫計畫。

為了制定計畫，花時間選好看的日程本、功能繁多的APP，利用高大上的圖表、思維導圖去擬寫計畫，其實在我看來都是在浪費時間。

就在每天工作（或者每週）開始之前，拿出 10 分鐘，在紙上簡單列一下今天大致要完成的工作，然後按照「重要」與否排出完成的優先順序就好。

要記住，時間管理最重要的一件事是：**行動永遠比計劃重要。**

想想我們「只是想一想，卻根本沒有做」所浪費掉的時間到底有多少吧！

以下的場景，不知媽媽們有沒有同感？

打開手機，本來想查個資料，突然彈出一條LINE訊息，點進去，一看發現很多留言，逐條看完，又發現 FB 有一篇非常感興趣的育兒文章，繼續點開，看著看著，找資料這件事完全被拋之腦後。

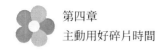
　　答應買一樣玩具給孩子，打開蝦皮，突然在特賣頁面看到一件不錯的羊絨大衣，順手點了進去。

　　看了評論感覺還不錯，但還是想再看看其他的款式，接著瀏覽類似款式的大衣，就這樣，一個小時的時間就沒了。這時，妳才想起來，孩子玩具還沒下單呢！

　　做事情的時候，手機一響，下意識地尋找手機，查看 IG 有沒有新評論？如果手機隔了一段時間沒動靜，會忍不住拿過來看一下，是不是沒電了？

　　一天過去了，妳卻發現自己還有很多事情沒完成。

　　很多時候我們抱怨，時間不夠用，卻沒意識到很多時間就在刷手機，逛網站，聊天當中不經意溜走了。

　　下一次，當妳做想專注做一件事時，不妨先放下手機，給自己一個不被打擾的環境，相信會收穫更多。

　　時間管理，不同的媽媽可能會有不同的體驗和方法。但是不做，收穫絕對是零，就像建築一樣，任何壯觀的建築，都是一磚一瓦的搭建而成，我們的每一塊積木都非常有用，但是首先還是要我們動起來。

　　想用羅賓・夏瑪（Robin S. Sharma）的一句話和各位媽媽共勉：不是因為某件事很難，妳才不想做，而是因為妳不想做，讓這件事變得很難。

03 積少成多，用小積木完成大任務

對大多數媽媽來說，事情太多，自由掌控的時間太少。如果想擁有大段，完全不被打擾的完整時間，更是難上加難。

因為不管做什麼，都有可能被孩子干擾，作為一位二胎媽媽，我深有同感。

當妳想安靜看一會書，孩子可能會跑過來，拉著妳陪他出去玩；當妳想回個郵件，孩子很有可能會說「媽媽，我要聽故事，妳講一個給我聽吧」；當妳想練習下聽力，學點英語，孩子可能會大嚷著「媽媽，我想吃水果」。

媽媽們的時間，會被各式各樣的事情切成多個碎片。

可是，碎片時間也是很寶貴的，利用得好也一樣可以做成好多事情。就像前面提過的日本職場媽媽吉田穗波，連續生了五個孩子，全職工作的同時，去哈佛留學了兩年，還出了一本書成為了暢銷書作家。

是不是覺得很不可思議？她到底是如何做到的呢？

她說，我只是善用了自己的碎片化時間而已。

利用碎片時間，我們也許只是做一些很平凡的事情，但卻可以讓我們的生活變得更加美好、從容。

上下班路上的時間，看幾頁育兒書，練習一下英語聽力，或用隨身攜帶的筆記本，寫下孩子近期發生的趣事和童

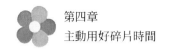
言童語；中午休息的時候，把家裡一週要買的東西寫下來，然後上網購物，或者約很久不見的閨蜜出來小聚片刻；孩子一個人專注玩的時候，坐在一邊寫下第二天要做的事情；坐在沙發上摺衣服的時候，順便敷個面膜；臨睡前，邊給孩子餵奶，邊跟他講個故事；把衣服扔洗衣機之後，還能回覆一下白天來不及回的郵件和留言。

做一點是一點，善用碎片時間，我們的生活會有更多的可能！

就像用樂高積木搭建公主城堡那樣，豪華美麗的宮殿都是一塊兩塊積木慢慢拼湊而成。

小工具：任務拆解管理表

表 7　任務拆解管理表

任務名稱	子任務	任務描述	預計任務成果	花費時間
大任務	子任務 1			
	子任務 2			

第四節
如何高效利用妳的小積木

01 目標確定，讓妳小積木更有意義

很多媽媽，不單要處理工作上的事情，下班回到家，還要面對一大堆的事情。例如忙不完的家務，洗衣做飯，清洗鍋碗瓢盆，掃地擦桌，收衣摺被，整理收納……

有位全職媽媽曾經對我說，除了睡覺的時間，我幾乎都沒停過，可是我不知道我一天天到底在忙什麼！感覺什麼也沒做，一天就過去了。

洗一次碗，或許不會讓妳產生太大的成就感。可是如果妳看完一本育兒書，學到了滿滿知識，則很有可能會讓妳感覺到極大的愉悅和成就感。

這兩者對妳產生的不同感覺，區別或許在於，它們對妳的重要性和意義的程度不同。

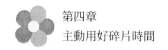

　　找出對妳重要並且有意義的事情，並堅持去做，會讓我們的生活變得更加有趣、豐富。

　　什麼是對妳重要且有意義的事情呢？這需要媽媽們結合自己的情況去想想。

　　每天抽時間看會書，學點英語，為自己充電？

　　運動健身，讓自己擁有健康、美麗的身材？

　　上育兒培訓課程，每天陪孩子讀書，增進親子感情？

　　學習烘焙、插花，提升生活的品質？

　　一段時間內給自己一個小目標，即使別的什麼都沒做，但如果完成了這個小目標，妳就不會覺得時間白白浪費了。

02 任務拆解，確定妳的小積木安排表

　　這個社會中，每個成年人都扮演了不止一個角色：子女、愛人、父母、員工、自我、業餘組織成員等等。每個角色都有相應責任，對妳有要求，產生很多待辦事項。這個世界又是如此的資訊氾濫、充滿誘惑，每天我們的大腦都會冒出很多新的欲望、想法或靈感。當我們的大腦盤旋著這些思緒萬千的念頭或懸而未決的任務時，就會分心、焦慮、有壓力。

　　這時，就需要把這些念頭匯出到外接儲存裝置，把大腦清空，可以讓它們輕裝上陣，聽我們指揮，去處理那些更為重要的思考工作。

　　所以我們需要拆解自己的任務。拆解任務時可以從小處入手，緊扣大局。

　　小處入手是指這些事項必須是一些具體的、可執行的行動，是一系列能產生結果的、朝著妳的目標更進一步的行動。

　　所以，要學會把任務拆分成足夠具體、細小的行動，小到可以靈活填到零碎的時間片裡。

　　李笑來老師在《把時間當作朋友》一書裡提到：「比做什麼和為什麼要做更為重要的是，怎麼去做，即不停拆分任務，越具體越好，直至確認每個小任務都是可完成的，且都可以由一個人獨立完成。」

　　同時，小處又是緊扣大局的，就像一堆散亂的積木要能靠這幾個組合搭起來。

　　此外，多份清單只會產生資訊冗餘，給自己帶來混亂和干擾，所以只能有一份，統一、連貫、長期的來收集和整理妳的待辦事項。

　　接下來，跟大家分享一下，我自己做計畫（積木搭建方案）的經驗。

◆ 第一，把計畫（積木搭建方案）寫下來

　　我試過用手機備忘錄做計畫，發現效果不太好，因為手機的誘惑太大了，各種資訊、LINE 訊息和時不時彈出的新聞，常常讓我分心。

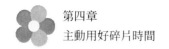

後來，我嘗試用便利貼把每天要做的事情寫下來，做計畫的時候，我還喜歡標注做每件事需要的時間以及一些注意事項。

比如寫文章，選好主題後，要到哪個網站查資料，查哪些資料，看哪一本書，什麼時間寫，預計寫多久，我都會盡可能詳細標注，這樣做的好處是，目標更加細化，讓我更省時省力。

◆第二，將積木排好優先次序

在我每天的計畫裡，要處理的事情都比較多，工作的，家庭的，孩子的，個人的。可是，我不可能同時去完成這麼多事情。

好多次，因為事情多，一忙起來，我都會忘記一些重要緊急的事情。後來，每次做好計畫，我都會將所有的事情大致排一下優先次序。

緊急重要的事情，重點標注，描紅，加粗，做星型記號，提醒自己優先處理這類事情。

不要把積木空間安排太滿，留一些自由空隙。

與孩子有關的時間安排，我一般都不會安排太滿。比如陪孩子玩的時間，或者講故事的時間，我會適當多預留一點時間。

在孩子說「媽媽，我想妳陪我多玩一會兒，我想妳多講幾頁書」時，只要我可以做到，都會盡量滿足他們。

有時候，孩子也是想跟我們再多待一會兒而已。這點預留的時間，正好滿足了他們的需求，而不會對我後面的計畫有太大影響。

做完一項就劃掉一項，讓我很有成就感。

便利貼上的每一件事情，就是我每天的一個個小目標。

每當完成一件事情，我就在便利貼上劃掉一項，心裡樂不可支，超級有成就感，第二天就更加有動力去堅持了，讀者們也可以嘗試下哦！

◆ 第三，多總結、及時調整計畫

剛開始做計畫時，常常發現理想與現實總會有點差距，比如有些事情，預估的時間可能過長或過少。

每天或者每隔一段時間，專門花點時間去想想，自己制定的計畫（積木搭建方案）完成得怎樣，還有哪些需要改善的，不斷調整，制定更加完美的計畫（積木搭建方案）。

03 心流狀態，快速進入效率高

在工作開始時，寫下今天要完成的所有事項，簡單評估一下他們的重要性和需要花費的時間（積木塊），然後將重要的事放在狀態最好的時間段（好積木）來完成。

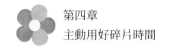

　　我喜歡用固定的「小儀式」來幫助自己快速進入「深度工作」的狀態。將手機靜音、螢幕倒扣，放一壺茶在手邊，選一份適合寫作的歌單，戴上耳機，打開電腦開始進入工作。

　　而那些回覆郵件和消息、零散的諮詢等其他更為瑣碎的工作，我都會安排在白天，即便被各種事物不斷打擾，也能見縫插針或者快速地切換狀態完成。

　　當然，選擇將重要的工作放在何時，完全取決於自己。

　　像我比較能熬夜，就放在深夜完成。而我身邊的晨型朋友，無法熬夜，就跟著孩子一起早早睡下，然後每天五點左右起床，去完成那些重要工作。

　　並不是花費的時間長，就叫「深度工作」，最關鍵的一點是要進入「心流」。做一會兒工作，就滑滑手機、瀏覽下網頁、看一篇工商文，花掉的時間不少，但卻缺乏必要的「深度」。

　　人的意志力是有限的，它在使用的過程中會被不斷消耗。它如肌肉一般會疲勞，也可以被鍛鍊。

　　在我們不停地被其他事情干擾的時候，意志力就被一點點的消耗，而「心流」需要精力的高度集中，所以我們應該在開始深度工作時，將那些旁枝末節的事情統統遮罩掉，積存自己的意志力。

「心流」的魔法，是讓時間靜止，讓人進入一種超高效率的狀態。

對大部分人來說，可能至少需要 1.5 小時才可以進入深度工作的狀態。那麼，我們就可以以 1.5 ～ 2 個小時作為每天深度工作的時間單位，規劃好自己的排程。

好鋼用在刀刃上，有價值的工作要配上好積木。

本章小技巧

劃分時間塊

根據「精力好壞」與「時間整塊與否」劃分出四個區域：整塊＆精力好、碎片＆精力好、整塊＆精力差、碎片＆精力差。

◆ 精力好且整塊時間：做當天最難、最重要的事；

◆ 精力好且碎片時間：做那些對積木時間要求不高的事，比如：制定當天工作任務，聯繫重要客戶等；

◆ 精力差且整塊時間：做那些重要且不緊急的事情，比如：陪孩子閱讀，看一會喜歡的書放鬆一下；

◆ 精力差且碎片時間：做那些既不重要也不緊急的事，比如：回覆朋友訊息，敷個面膜。

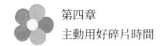
任務拆解管理

時間就像搭建城堡的積木，如何將適當的積木放在合適的位置？就需要我們隊時間有一個總體掌控，所以我們的「積木時間管理」會建議妳將大任務拆解成一個個最小可行任務，再透過安排小任務的完成時間，來查看總任務的完成情況。

第五章

密集排列不可怕，高效率陪孩子解難題

第一節

沒有時間陪孩子怎麼辦

對於職場媽媽來說，沒有充足的時間陪伴孩子永遠是最大的痛。而孩子又都是些貪心的小東西。如果可以，他們恨不得 24 小時掛在媽媽身上，一刻都不分離。就連媽媽上個廁所都要一起。

有個學員說：「每天早上出門上班的時候，就是我最難過的時候，女兒抱著我一邊哭一邊叫著『媽媽，媽媽，不要上班班』，就是不放手。每當這時候，我就很想放棄事業，放棄工作，全職帶孩子算了。」

很多職場媽媽在孩子 0 ～ 3 歲時敗下陣來，選擇全職，就是因為受不了寶寶的分離焦慮症，見不得孩子哭，情願委屈自己、犧牲事業來陪伴寶寶。

全職雖然是個人選擇，但若是因為覺得對不起孩子就辭職，則大可不必。

01 放下焦慮，認清現實狀況

很多時候我們的焦慮並非來自於孩子，而是來源於自己。不僅僅是孩子有分離焦慮，媽媽也會有分離焦慮。

一位做幼稚園老師的學員說：「每年新生入園，最麻煩的反而不是安撫孩子，而是安撫家長。如果家長能乾乾脆脆地轉身離開，那孩子哭得再厲害，鬧一會兒也就好了，轉眼就能高高興興地跟小朋友一起玩。」

如果家長捨不得走，抱著孩子不放手，那就越哄越哄不好。老師也拿孩子沒辦法。當老師的見得多了，媽媽比孩子哭得更慘的都有。

作為母親，我們要接納孩子可以有自己玩耍的空間。儘管在一起的時候孩子看上去無時無刻不在找媽媽，實際上真的離了媽媽，他們也能跟爸爸、爺爺奶奶、老師、同學相處得很好。

很多時候媽媽們的焦慮，來自於自己的腦補。我們想像孩子們離了母親一定過得不好，越想就越覺得愧疚，越想就越難以忍受。實際上孩子的適應性，比我們想像中的強得多。

02 不受外界影響，關注親子關係

職場媽媽的另一個壓力，來自於外界評價。

有些媽媽非常容易受到外界評價的影響。

聽到同事說：「妳下班總是急急忙忙回家，對工作專注度不夠。」於是立即就減少親子陪伴時間，花更多的時間在工作上。

聽到家人評價說：「妳陪伴孩子的時間太少，不是一個好媽媽。」於是又打亂計畫，放下工作轉頭去陪孩子。

這都是不可取的。

媽媽們需要有自己的節奏。還記得我們說過的階段性大目標嗎？找準現階段的大目標，根據大目標來調整自己的時間安排，才能成為真正的人生贏家。

如果近階段到了升遷加薪的關鍵節點，那麼一定以工作為主。反之，如果孩子遇到新生入園這樣的關鍵節點，也完全可以以陪伴孩子為重。

當然，階段性大目標並非一成不變，不可更改的。作為母親，孩子的成長永遠在占據了重要的分量，在專注於現階段大目標的同時，媽媽也要時刻關心孩子的狀態。

如果孩子明顯需要更多的陪伴，比如生病了，又比如心理狀態不佳，媽媽也完全可以暫時調整大目標，將更多的時間積木花在陪伴孩子上面。

03 合理安排，讓親子時間配合

根據現階段大目標調整好時間積木，決定了每天花多少時間陪伴孩子後，就是進一步合理安排時間，讓親子時間調

整到同一頻率上。

很多職場媽媽抱怨忙起來的時候根本顧不上孩子。尤其是遇到大的專案臨近驗收，需要出差、加班什麼的，完全沒時間陪伴孩子，該怎麼辦？

一種方法是調整作息，擠出陪伴孩子的時間。

比方說遇到出差，不得不跟孩子分開幾天的情況。可以在回來之後單獨抽出一天、半天的時間，心無旁騖地陪伴孩子，彌補這段時間不能陪伴孩子，給孩子帶來的不安全感。

又比如下班時間晚，到家孩子都入睡了。那麼可以採取早起的方式，來抽出時間陪伴孩子。

美國總統川普的女兒伊凡卡，既是三個孩子的媽媽，又是父親參謀團的重要一員。加班對她來說也是常事。她在接受採訪時說，為了多陪陪孩子，她早上 5 點半就起床了，先把自己的事做好，這樣等孩子們 7 點起床之後，就可以專心地陪孩子吃早餐，順便聊聊他們在學校裡的情況。

另一種方法是想辦法讓孩子加入到媽媽的活動中來，這樣就可以一邊做自己要做的事，一邊也不耽誤陪伴孩子了。

比方說有的媽媽下班回來後要忙著做飯，吃完飯要洗碗，晚上還要加班趕 PPT。從客觀上來說，抽不出哪怕半小時的時間積木來陪伴孩子。

聰明的媽媽可以「邀請」孩子加入自己的活動，跟自己一起做家事。比如媽媽做飯的時候，可以讓孩子在一邊剝豆子，年紀小的孩子可以搬個小板凳坐在媽媽身邊，幫媽媽遞遞東西。媽媽一邊做飯，一邊就可以跟孩子聊天。共同完成家務事也可以是一種親子陪伴。

再比方說媽媽需要健身，那麼是否可以加入部分親子瑜伽的內容，在健身的同時，也可以抽出時間陪伴寶貝。

總之，只要安排得合理，媽媽一定能抽出時間進行親子陪伴。

04 提高陪伴品質

親子陪伴的時長固然重要，更重要的是親子陪伴的品質。有些媽媽看似整天和孩子待在一起，但實際上大部分時間都花在滑手機上面，對於孩子態度也比較敷衍。這樣的親子陪伴很難滿足孩子的需求。

要提高親子陪伴的品質，就要做到三點：

◆ 第一，專心陪伴

陪孩子的時候不要把注意力放在手機或別的上面，認認真真陪孩子，把陪伴當成一項工作，把孩子的滿意度當成 KPI，那麼即便只是短暫的陪伴，孩子也會覺得很滿足。

◆第二，全情投入

　　所謂全情投入，更重要的是投入感情，積極調動情緒，及時回應孩子。對孩子的傾訴認真傾聽，給予情緒上的回應。孩子在感情上得到了充分的滿足，感受到媽媽對自己的重視，也就不會過分黏著媽媽了。

◆第三，寓教於樂

　　寓教於樂的精髓不在於教，而在於樂。找到孩子感興趣的活動，陪孩子一起玩耍、讀書、做家務、甚至旅行。給孩子留下快樂的親子時光的回憶，才是真正的高品質的陪伴。

　　關於如何進行高品質的親子陪伴，稍後還會在這一章中詳細展開，手把手教會媽媽在有限的時間裡給孩子提供最高效、高品質的陪伴。

第二節

——— 高效率陪孩子原則一：專心陪伴 ———

01 放下手機和工作

　　當年輕的夫妻升級為父母，一切都變得不一樣了。育兒這件事，如同每天在經歷冒險一樣，原本只會睡覺的寶寶，有一天會爬了，開始走路了，會跑了，開始理解你的話且自己開口了。接著，變得能表達自己的意思之後，每天會提出不同的要求。

　　應對孩子的這些需求，需要花費大量心力。這麼一來，父母當然不能像以前沒孩子那樣生活。因為無法隨心所欲的生活，家長囤積了不少壓力，身體也垮了，甚至導致育兒焦慮。所以，有些家長就把注意力轉移到工作或者手機上，等孩子稍大些就依託於老師和學校，以此來轉移育兒帶來的煩惱。

在《卡爾‧威特的教育》中說了這麼一個故事：

一對年輕的夫婦迎來了自己的第一個孩子，孩子出生後他們就託付給了管家照顧。他們花了 5 年的時間，差不多走遍了全世界。當他們回到家後，孩子根本就不認識他們，對待他們像對待陌生人一樣。他寧願睡在管家簡陋的房間裡，也不願睡在父母美麗而舒適的臥室。

不僅如此，孩子還拒絕來自於父母的教育。終於有一天，父母和孩子之間發生了激烈的爭吵。父母把孩子的缺點都歸咎於管家，並辭退了她。在這之後，孩子總是鬱鬱寡歡，常常在睡夢中也呼喊管家的名字，十幾歲時還離家出走了好幾次。

孩子需要父母的陪伴，特別是處於嬰幼兒時期的孩子，如果他們總是得到固定的人照顧、疼愛的話，那他們就會信任別人。肚子餓了就有吃的，哭了就會人來安慰，累了就有人來抱。如此循環，孩子就能夠安心成長。而相反，如果孩子在這段時間沒有被重視，沒有接受到足夠的愛意，那他的溝通能力就會變差，容易不信任他人。

有些上班族的家長工作時間長，勞心勞力，回到家後只想癱倒在沙發上玩手機。但是，這些被手機占用的時間，卻是孩子一生中和父母相處最珍貴的時光。因為，和孩子一起

度過的時間，只是人生的一瞬間而已。等他們開始去幼稚園上學，一天中只有幾個小時能在一起。等到變成國中生、高中生，更要忙著讀書學習，在一起的時間更少。

當然，想要給孩子傾注充分的愛，並不是長時間待在一起就可以。如果本就只有一點點時間，那就盡可能提高時間的濃度。孩子們都很敏感，父母全身心投入地陪伴和拿著手機敷衍式的陪伴，孩子是能感受到其中不同的。如果家長全心全意地陪伴他們，作為父母的這份愛意一定能充分傳遞到孩子那裡。

02 專心陪孩子的三大好處

史丹佛大學教育學博士陳美齡，曾經是一位知名歌手，她憑藉自己的實力，考上了史丹佛大學。當她生下大兒子，並帶著孩子返回職場時，引發了一場「帶子爭論」。這場圍繞著「女性是否能帶著孩子工作」的爭論，整整持續了兩年，成為了社會性的話題。

短暫的工作後，她選擇帶著孩子去史丹佛留學。經過五年的學習，陳美齡取得了史丹佛大學的教育學博士。在這期間，她又生下第二、第三個兒子，成為三個孩子的母親。從那以後，大部分時間她和丈夫都盡量和孩子們在一起。如此不顧一切地走來，她的三個孩子全部都考入了史丹佛大學，她自己也總結出了一套「Anges 教育法」。

◆ 自信

　　陳美齡的三個兒子，現在都很感懷父母陪伴自己的歲月。大兒子會說：「我小的時候，完全不覺得寂寞。」二兒子會說：「我看到爸爸媽媽為我們付出了許多。」三兒子說：「我從來沒有懷疑過自己是否被愛著。」專心陪伴孩子，讓孩子在充滿愛意的環境中成長，那麼長大後的孩子也會是個溫暖的人。

　　對被愛著長大的人，地球上的每一個事物，星星、太陽、藍天，他都能感受到它們的美好。人類的強大，有時候不一定是力量上。人的心中有多少愛意，就能變得多麼堅強。之後就可以百折不撓地克服困難，踏踏實實地走好自己的人生路。有克服一切困難的勇氣，這就是自信。

◆ 優秀的頭腦

　　對於幼兒時期的孩子，有一點非常重要，就是要盡可能地讓他多體驗，多接觸不同的事物。因為在孩子的大腦裡有很多突觸，突觸越多大腦運轉速度越快。要拓展孩子的潛能，就要盡可能地增加突觸，也就是連接腦細胞的迴路。

　　孩子的大腦，猶如一張白紙。任何事物對於他們都是新鮮的，他們用眼睛看，用耳朵聽，用身體接觸。這樣大腦就得到了刺激，產生了新的迴路。因此，家長需要盡可能陪著孩子，讓他們每天都嘗試不一樣的事情，給予不同的刺激。

多聽、多看、多刺激，這些都離不開父母的悉心陪伴，比如今天去這個公園，明天就可以去那個公園，或是偶爾去去海邊；今天吃的是綠色的蔬菜，明天就可以吃紫色的，嘗嘗各式各樣的味道。同時，讓孩子多見見人，聽不同的人說話，也會促進大腦發育。

春天的花，夏天的海，秋天的葉，冬天的雪，重視孩子的腦部發育，就要多給孩子刺激，為他們的成長保駕護航。就算是為了不埋沒孩子的潛力，培養孩子旺盛的好奇心，讓他成為一個積極不膽怯的孩子，那也要讓他多看、多聽、多接觸、多與人見面、多見見世面。

◆ 注意力

無論做什麼事，沒有注意力都沒有辦法高效率地完成，工作是學習也是。能夠集中注意力的孩子，可以充分發揮能力專注於課程，短時間內完成學習，並取得好成績。但是如果孩子注意力不集中，那麼做多少事也是白搭，學習效率非常低。

要提高孩子的注意力，需要父母和孩子一起進行一些時間長、需要耐性的活動，比如拼圖遊戲和搭積木等等，這樣孩子的注意力就能得到提升。打個比方，孩子喜歡做料理，媽媽可以陪著孩子炒一炒、烤一烤，這可以有效提高孩子注意力。因為如果注意力不集中，孩子就會被燙傷。或是做錯了一個步驟，食物就不美味了。

等菜端上來之後，父母可以陪著孩子一起品嘗，覺得好吃就要誇誇他。像這樣，父母親自陪著孩子，幫助他將興趣堅持做下去，那麼孩子就自然能提高注意力。這比平時家長說一萬句「好好讀書」都有用，一旦讓孩子感受過一次集中注意力後得到的喜悅，那麼在必要的時候，他就會自動進入開啟「專注」的模式，把注意力全放在事情上了。

在培養孩子自信、腦力和注意力的過程中，最重要的是「父母一同參與」，這樣不僅培養了孩子優秀的品格，也使得親子關係在一次次陪伴中得到昇華。除此之外，家長在陪伴中讓自己得到了鍛鍊，面對孩子笑容時也舒緩了壓力。專心陪伴孩子，也是在專心陪伴自己。

妳看，高效的陪伴其實只要花費一小部分的積木時間，就可以收穫到可以預見的美好藍圖。

03 專心陪伴閱讀篇

2003 年，香港中文大學的研究者對幼稚園的孩子做了個實驗，他們把 86 個小朋友分成 3 組，一組親子閱讀，一組獨自閱讀，一組不干預組（就是沒有接受任何實驗干預）。結果發現，只有進行親子閱讀，孩子的閱讀能力才能得到最大程度地提升。

因為，在親子閱讀的過程中，家長會問孩子問題，會為孩子解答，讓孩子根據他自身的能力來決定讀的速度，根據

他的興趣來讀哪裡不讀哪裡，所以親子閱讀能大幅度提高孩子語言能力的發展。不僅如此，親子閱讀還是浸入式的學習，孩子閱讀到的還有家長的語音和語調，配以他所看到的圖片，就能給他一個巨大的想像空間。

看影片時，孩子是被動地接受；而閱讀，則是用文字的方式讓孩子勾勒出故事的場景、人物等。從孩子的角度來看，這更像是家長用書作為道具在和他玩遊戲，孩子當然會喜歡。當他覺得閱讀本身是一個快樂的過程時，他讀書會更生動，閱讀體驗也會更好。

閱讀是件美好的事，和孩子一起閱讀則更加美好。因為和孩子一起閱讀，也是跟孩子的情感互動，以及和他一起度過的美好時光。這樣的情感互動和美好時光，也會讓孩子覺得閱讀是件很有意思的事，知道書裡面有很多好玩的東西，有好多問題的答案。而家長要做的，就是專心陪伴，在孩子不經意地抬頭間都能看見你。

所以，我建議家長們無論多忙，都應該在親子互動中加入親子閱讀的小積木，這個小積木能讓孩子學會思考、建立聯繫、懂得溝通。它遠遠超過了語言和文學的範疇，為孩子敞開一扇充滿生機的大門。要的是，這塊小積木讓家長停下匆忙的腳步，享受和孩子在一起的時光。當某一天孩子離開家時，這些美好的回憶仍將留在孩子心底。

第三節
—— 高效率陪孩子原則二：全情投入 ——

積木式時間管理提倡「好」積木要用到重要的事情上。對於職場媽媽，可利用時間更少，如何把積木用好，如何讓積木變得更「好」，需要我們每一位媽媽自己去體會。

01 整理好自己的情緒去陪伴

「教育孩子最好的方式是陪伴。」越來越多的家長，意識到「陪伴」的重要性。

職場媽媽平日工作繁忙，相比全職媽媽，與孩子相處的時間會更少一些。強大的母親本能會促使職場媽媽更重視親子陪伴。這是好事，但最近學員的諮詢案例讓我意識到：對於親子陪伴，職場媽媽往往會用力過猛。

小茹是我的學員，女兒剛滿 4 歲。從事會計工作的她，

一到月底就會進入瘋狂加班模式。但家裡孩子特別黏她，只要外面天黑就會哭著喊著找媽媽。好在主管也理解小茹的情況，不是特別著急的事都會特許她回家。即便工作繁忙，小茹還是很享受和女兒在一起的親子時光。

每天晚上的睡前故事，是母女最期待的時間。但一到月底，這段時間就會變得十分難熬。一邊是等待工作資料的同事，一邊是扒著媽媽講故事的女兒，每到這時焦慮就會讓小茹變得異常煩躁，經常講不了 2 個故事就不歡而散。

小茹問：「老師，我也知道陪伴孩子很重要，但每次一想到那麼多人等我，孩子又不睡覺我就會不自覺語調升高，女兒一看我發火會立刻嗷嗷大哭，她一哭我就得哄半天，感覺就是個惡性循環。」

小茹的問題相信不少職場媽媽都碰到過，誰不想做不吼不叫的媽媽？但一邊是馬上到期的任務，一邊是撒潑打滾的孩子，不發火真的太難了。

但仔細分析就會發現小茹問題的關鍵，小茹只有月底時才會覺得親子時間繁瑣，平時她還是很享受這段難得的時光。這裡就有一個值得我們深思的問題：左右我們的究竟是孩子的行為，還是我們對孩子行為的看法和評價，甚至僅僅是我們當時的心情？

很多父母會把失敗的親子關係歸咎為自己的壞情緒，又將壞情緒歸咎於年幼的孩子。但如果真是孩子的問題，為什

麼同一種行為我們會有不同的情緒反應？就像小茹放鬆時，孩子讓她講故事，她會很享受；工作忙時，同樣的事她就會覺得孩子在找碴。

事實上，耶魯大學心理學家馬克・布拉克特（Marc Brackett）研究發現：影響親子關係的並不是孩子，而是父母帶著情緒去評價孩子。

我的很多學員曾諮詢過類似的問題，一般我不會建議學員壓抑情緒，通常我會幫助學員尋找適合自己，又不傷害孩子的緩解方式。

比如：我會建議學員在家布置一個情緒區，在這裡放一張耶魯大學推薦的「情緒晴雨表」。

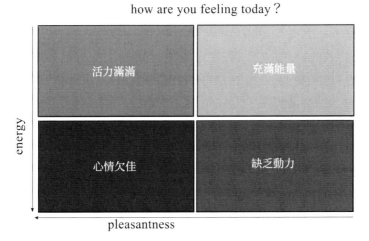

圖 5　耶魯大學「情緒晴雨表」

這張表由 X 軸和 Y 軸組成，座標軸根據不同的愉悅度和能量值，用顏色區分了四個象限，紅色（左上）、藍色（左下）、綠色（右下）和黃色（右上）。紅色表示不開心並且活力滿滿，藍色表示心情欠佳並且沒有活力，綠色表示感到開心但是缺乏動力，而黃色則表示開心且充滿能量。

可以為家裡的成員準備一些貼紙，每個人可根據自己當時的情緒，放置自己的情緒貼紙。我們可以和孩子約定，當貼紙出現在藍色區域時，他們需要暫時不打擾父母，把這個積木時間留給父母自己處理。同時父母也需要自己去消化、接納自己的負面情緒，優化自己的積木時間，盡量做到陪伴孩子時不帶負面情緒。

我始終提倡：陪孩子要用「好」積木。這裡的「好」不僅僅是用好，還代指高品質的積木時間。

02 用心感受孩子的情緒

丹尼爾・席格（Daniel J. Siegel）在《由內而外的教養》（*Parenting From the Inside Out*）中曾說：「父母與孩子相處時，要拿出包容的態度，設身處地體會孩子的情緒。」

事實也確實如此，良好的親子關係都是建立在互動上，這個過程要求父母不但要處理自己的情緒，還需去感受孩子的情緒。

　　研究發現：一個嬰兒剛出生時，腦的重量僅有 350 ～ 400 克，大約是成人腦重的 25％。一個孩子的大腦要完全發育好，要到 25 歲左右。

　　換句話說，孩子剛出生時大腦雖在外形上已具備了成人腦的形狀和基本結構，但在功能上還遠遠差於成人。而情緒管理能力受大腦最外層大腦皮質控制，大腦的發育又遵循「從後到前、從內到外、從下到上、從右到左」的規律，這在生理上決定了孩子對情緒的控制、表達等能力會比成人弱很多。

　　比如很多二胎家庭中大一點的孩子為了獲得父母關注，會出現一些「退化」（regression）：晚上要和父母睡、拒絕自己穿衣服等等。

　　一系列行為的背後其實都是孩子的焦慮情緒，他不知道家庭的新成員會對自己造成什麼威脅，只能透過一些外形行為去監測父母對自己的愛。這就需要我們在親子溝通中，用心去感受孩子情緒，察覺孩子內心的真正意圖，幫助孩子表達自己的情緒。

　　文學大家、北大校長胡適的母親就是一位特別懂得察覺孩子情緒的媽媽。每當胡適和哥哥做錯事、說錯話，母親都會記下來，等到只剩下他們母子時，關起門來細數孩子們做錯的事，讓他們認錯。胡母從不當著眾人的面直接訓斥孩

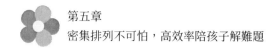

子,因為她知道,做錯事的孩子比誰都慌張。

　　正是因為胡母善於體察、尊重孩子的情緒,胡適終成了一代名士。成年後,胡適曾在〈我的母親〉一文中說到:「如果我學得了一絲一毫的好脾氣,如果我學得了一點點待人接物的和氣,如果我能寬恕人,體諒人 ── 我都得感謝我的慈母。」

03 積極參與重要事件

　　一位節目主持人曾說過一段話,讓我很受感動。他說:

　　「未來 5 年,對我而言,最重要的一定不是觀眾、也不是節目。我的孩子今年 5 歲,未來 5 年這個成長期太重要了,我能不能有時間陪著他,這才是我這 5 年最重要的事。」

　　不可否認,如今高強度的職場、生活壓力讓很多父母無暇顧及成長中的孩子,但孩子的成長只有一次,錯過了就永遠錯過了。

　　美國前總統歐巴馬和夫人蜜雪兒,生下女兒瑪莉亞和娜塔莎時,兩人恰好處在事業的最忙碌的時期。爸爸歐巴馬就職於州議會和芝加哥大學法學院,媽媽蜜雪兒在芝加哥大學擔任學生事務處副處長。忙碌的小倆口約定,無論多忙都要參與到孩子成長中來。

讓他們驕傲的是，這件事從提出到女兒長大成人，夫妻二人從未缺席過女兒重要的事情。即使在長達 21 個月的總統選戰中，夫妻二人也從來沒有缺席過女兒的家長會。

歐巴馬成為總統後常常分身乏術，媽媽蜜雪兒就成了父女間最關鍵的紐帶。她根據歐巴馬的時間安排，做出一份家庭安排表，這份表裡他們一家會去游泳、吃大餐、替孩子慶生等等，同時為了彌補父親陪伴的減少，蜜雪兒下決心轉換角色，她辭掉工作，在家「相夫教子」。

積極參與孩子的成長，會讓孩子更加自信、友愛。父母積極的參與，讓歐巴馬的兩個女兒格外優秀：大女兒瑪莉亞拿到了哈佛的錄取通知書，二女兒也被美國第一的公立大學密西根大學錄取。

孩子的成長無法重來，陪伴路上難免會發生摩擦，父母唯有整理好自己的情緒，用心感受，才能積極參與孩子日常，高品質陪伴孩子長大。「全情投入式」陪孩子原則不僅需要高品質陪伴，更需要我們懂得規劃積木時間。畢竟，積木放在不同位置就會產生不同作用。如何優化我們的積木，這將是一個非常值得探討的問題。

第四節
高效率陪孩子原則三：寓教於樂

很多媽媽都有這樣的疑惑：

我每天很忙，陪孩子的時間非常有限，要怎樣利用好時間陪孩子呢？

這個問題的答案非常簡單：想把積木時間用在刀口上，不妨每天抽時間陪孩子玩耍，寓教於樂。因為，會玩的孩子才更健康、更聰明，擁有更大的人生能量。

01 會玩的孩子更健康

中國電視劇《隱秘的角落》裡，天才少年朱朝陽的故事讓人唏噓不已。

這部電視劇有一個細節令人印象深刻。當朱朝陽的班主任告訴朝陽媽媽孩子不夠合群時，朱朝陽媽媽說：「學生就是要以學習為主。」

然而，學習好並不意味著孩子就健康快樂。這個不合群的孩子，雖然智商一流，卻把自己的天才用在了算計「人心」上，最終走上了用謀殺解決問題的道路。

試想，如果朝陽媽媽能夠把更多的時間用在陪伴孩子，透過遊戲的方式學會與人相處和化解負面情緒，一切可能大不相同。

電視劇是虛構的，現實生活也證明了這一點。

著名物理學家費曼（Richard Phillips Feynman）就是一個非常會玩的人。他很小的時候，就以拆裝收音機為樂，後來更是因為擅長維修而被姑姑家的旅館聘用。在他七八歲的時候，他利用化學知識變魔術給街頭的孩子看，把裝了碘的玻璃器皿用燈加熱，升騰出的紫色蒸汽讓夥伴們驚嘆不已。

就是這樣的費曼，最終成為諾貝爾物理學獎的獲得者。他把人生過得風生水起，不僅在科學上很有成就，而且在生活上非常有情趣。他做過很多演講，喜歡挑戰高難度問題，生前生後讚譽無數。

費曼用他的人生演繹了「會玩的孩子更健康」。

02 從遊戲中學習

可能很多媽媽都和朝陽媽媽有同樣的困惑：

現在競爭這麼激烈，有了時間不讓孩子好好讀書卻去玩，孩子很可能會落後呀！

真實的答案並非如此。小孩子和成年人學習知識的方式有所不同。死記硬背並不能讓他們深入了解知識。遊戲幫助孩子們將知識和生活連繫起來，往往會產生奇妙的化學反應。

比如：《好媽媽勝過好老師》的作者尹建莉就是如此。她本身是教師，平時工作非常忙。可是，忙碌的工作並沒有影響她和女兒圓圓的關係。圓圓學有所成而且性格善良正直。尹建莉的祕訣之一就是遊戲。

圓圓 7 歲的時候，尹建莉帶她去海邊玩。圓圓發現海水遠看是藍的，近看是綠色的，自己的腳在海水裡卻是白色的，海水本身沒有顏色。她在媽媽尹建莉的幫助下寫了詩：「我站在遠處看海／海是藍色的／我站在近處看海／海是綠色的／我用手捧起海水／咦，大海的顏色跑哪兒去了？」

尹建莉和圓圓的這一次出行遊玩，不僅讓孩子長了見識，還對孩子進行了美的啟蒙，同時又提升了孩子的表達能力，真是一舉多得。

遊戲不僅僅可以幫助孩子提升國文水準，對數學的幫助也很大。圓圓小的時候，看著小賣部裡買賣東西非常好奇。尹建莉就和她一起玩「小賣部賣東西」的遊戲。圓圓在遊戲中學會了 500 以內的加減法。後來，尹建莉又漸漸引入了乘法和除法，孩子的數學能力突飛猛進。

　　想要高效率的陪伴孩子，不妨以遊戲為切入點。當我們把有限的時間積木用在和孩子一起進行有趣而輕鬆的花式「遊戲」上，我們會發現親子關係更和諧，陪伴有更高的品質，孩子有更大的進步。

03 小遊戲大能量

　　遊戲的作用可不僅僅是幫助孩子們獲得更多的知識，它還能幫助孩子克服人生中的各種困難，提升父母和孩子的連接。

　　《遊戲力》（*Playful Parenting*）的作者柯恩（Lawrence J. Cohen）提出了「水杯」理論。孩子所感受的愛就像是「水杯」裡的水。當水杯裡的水是滿的，孩子會感到開心。反而，孩子就會不安、生氣、哭泣甚至生病。而父母和孩子的遊戲，能夠裝滿孩子的水杯。

　　心理學家的研究也證明了這一點。在問題少年家庭中，如果媽媽們實行「身心靈時間」，孩子的問題就會得到改善甚至治癒。而所謂的「身心靈時間」並不複雜，只需要媽媽們每天抽出 10 ～ 15 分鐘的時間，和孩子一起去做孩子最想做的事情。孩子最想做的事情通常是遊戲。媽媽們在這些遊戲中間只需要全身心的投入，不說教和無條件的相信孩子。

　　小小的遊戲能讓「問題少年」得到痊癒，也能夠幫助正常孩子更好的應對自己的人生。

　　比如：每年9月都有一批新的孩子要入托兒所或者幼稚園。很多孩子都會有「分離焦慮」。每年這個階段，我們經常會看見幼稚園門口有孩子死死地抓住爸爸媽媽的衣服，嚎啕大哭，不肯讓爸爸媽媽離開。

　　一個小遊戲就能為孩子「賦能」。不妨和孩子在家玩玩「你好，再見」的小遊戲。媽媽們跟孩子在家玩遊戲，揮揮手跟他說「再見」，然後轉過身子去假裝離開。隨後，媽媽又立刻轉回來說「你好」，興高采烈的和孩子打招呼，不斷反覆「你好」、「再見」這個過程。

　　透過這樣的一個小小的活動，孩子玩得很歡樂，情緒也漸漸地放鬆了下來。他慢慢地接受了自己和媽媽分離的過程，也能清楚地知道媽媽並不是不要自己了，很快就會回來接自己。小小的遊戲，讓孩子輕鬆地跨越了入園的「分離焦慮」問題。

　　身為人母真的很難。每天的時間就那麼多，我們能夠陪伴孩子的時間真的很少。

　　那麼不妨行動起來，和孩子一起玩遊戲。透過遊戲讓孩子感受到我們的愛，學到更多的知識，也成為更好的自己。

資料包：媽媽孩子都愛的 10 種親子活動方案

手指創意繪畫（使用時長：1 個積木塊）

準備好顏料，讓孩子直接用手蘸顏料後按在紙上，稍微加工形成魚等圖案。

外出親近大自然（使用時長：10 ～ 28 個積木塊）

和孩子一起出去遊玩，感受大自然的美麗。

養綠色植物（使用時長：每天 1 個積木塊以內）

和孩子一起養一盆綠色植物，觀察並記錄植物的變化。

今天我當小老師（使用時長：2 個積木塊以內）

請孩子自己選定一個主題，收集資料並替媽媽上課。

一起做飯（使用時長：2 ～ 4 個積木塊）

和孩子一起做包子、包水餃、攤煎餅，感受傳統飲食文化的魅力。

唱歌跳舞（使用時長：1 ～ 2 個積木塊）

選取有節奏感同時又可以用身體動作演繹的歌曲，和孩子一起邊唱邊跳。

廢物大變身（使用時長：2～4個積木塊）

將家中廢棄不用的物品進行改造，如將塑膠瓶子製作成筆筒、火箭玩具，將紙箱製作成紙質小房子。

童話故事角色扮演（使用時長：1～2個積木塊）

以孩子喜歡的童話故事為藍本，分飾不同的角色，將故事表演出來。

捉迷藏（使用時長：1～2個積木塊）

和孩子在家中或戶外玩捉迷藏遊戲，但要適當注意安全。

接龍遊戲（使用時長：1個積木塊）

孩子學習成語、古詩後，和孩子一起玩成語、古詩接龍遊戲。

第五節
═══ 密集排列不可怕 ═══

養兒育女注定是一個浴火重生的過程。

在沒有孩子的時候，週末早上可以恣意地睡懶覺，起床後賴在被窩滑手機、看劇。雖然也要打掃、購物和整理，但雙休日至少有一天可以留給自己。可是有了孩子之後畫風就變了。

妳想睡懶覺，現實不允許。孩子一大早就爬上妳的床，扒開妳的眼皮：「媽媽，醒醒。我肚子好餓，我要吃早餐。」從一睜眼，一整天就自動安排得滿滿，全天長達十幾個小時妳將會一直處於「開機」狀態，隨時待命，直到累趴。

週末的職場媽媽，整天要圍著孩子轉，密集排列的事情又多又雜，就算有三頭六臂，也做不完所有事情……不用怕！回憶一下我們前言裡所說的積木定製時間管理法：第一，整理妳的時間；第二，構思時間安排；第三，搭建時間

資源；第四，調整適應需求。當妳學會使用積木定製時間管理法，定製出屬於妳自己的時間方案時，相信這些對於妳來說都不是問題了。

01 拒絕做焦慮媽媽

初為人母大家都是第一次，說不著急、焦慮是騙人的。適當的焦慮會推動媽媽主動學習，有助於新手媽媽快速晉級。但過度焦慮則不然，不僅對達成「成為更好的媽媽」這個目標不利，還會把焦慮情緒傳染給孩子，對孩子的成長也甚為不利。

拒絕做焦慮媽媽，首先要改變一下自己的育兒觀念。跳出「做滿分媽媽」以及「培養完美小孩」這一迷思。要做到既不苛求自己，也不為難孩子。

人無完人，做一個合格的媽媽就好，不能苛求自己既要當好孩子的保母，照顧好他飲食起居，還得做一名優秀的家庭教師，保證孩子回回考試第一。生活方面，從小就培養孩子獨立。學習方面，要引導孩子自主。

培養孩子獨立自主的能力，既有利於孩子成長，也能為媽媽節省時間。雖然剛教孩子做事時，會花費很多時間，但長遠來看，這個時間花得值，孩子的學習能力強，掌握一項新本領的預期效果會出乎妳意料！

千萬不要在孩子想幫忙時，或是想要自己做某事時，媽媽總是一句：「算了算了，一邊待著去，叫妳做還得替妳收爛攤子，倒不如我自己做更快。」不要圖這個快，這個「事事親力親為的快」就是妳的碎時間機。孩子能做的教給他做，雖然剛開始慢，但這種「慢」反而比較快。

02 要愛更要放手

我一個學員來找我定製課程時，是帶著她七歲的兒子一起來的。一到我工作室，她就打開那個被塞得滿滿當當的背包來給我看。她一面給我翻看，一面對我說：「老師，妳看妳看，這裡哪有一樣是我的東西？我這兒子都上一年級了，還是什麼事都得我操心。」

她的背包堪稱百寶箱，裡面的東西種類不比待產包少。我注意到除了水壺、衛生紙和一些零食、OK繃、常用藥之外，居然還有針線包……我笑笑「妳還隨身備著針線包啊？」「可不是嘛！小猴子，上躥下跳，不知道什麼時候就能用到，帶他出個門，這些都得備全套。」

言談間，我發現這是一個特別精幹的媽媽。除了這個兒子，她還有一個13歲的、她老公前妻留下的兒子。這兩個兒子和公婆都是她全權負責照管還不算，她老公工地上的工程她也擔負一半。能者多勞，只是，再能幹的人也是會累的。

　　我告訴她，「我看得出來妳很愛家，很愛妳的先生和妳兩個兒子。但是，要愛更要放手！」兩個男孩子，一個 7 歲，一個 13 歲，按理說早該具備獨立生活的能力了。7 歲的孩子做不了太多家事，但是吃飯、穿衣、整理房間，照看自己是沒問題的。大兒子 13 歲，在自理的基礎上，應該還可以幫助媽媽做些家務事。能放手給孩子們做的事儘管放給他們做。

　　週末帶弟弟出門玩，接送弟弟上下興趣班，這類瑣事也要放手給哥哥做。13 歲的男孩如果家教得當，完全可以擔負照顧弟弟這些家庭責任了。

　　美國作家麗莎·蘇嘉曼（Lisa Sugarman）在《給孩子恰到好處的愛》（*How to Raise Perfectly Imperfect Kids And Be Ok With It*）一書中說得好：「保護子女是為人父母的第一要務，但保護孩子絕不是父母唯一的職責。對於父母來說，與保護孩子同等重要的使命，是培養孩子自我保護的能力。父母必須知道何時應該介入指導，也必須懂得適時退出。」

　　我非常理解現代父母對於子女可能面臨的來自社會上的危險而擔憂的心情，但正因為如此，逐漸放手鍛鍊他們善於合作、能隨機應變的能力才是正解，而不是一直摟在懷裡護著。不做「直升機」家長，老是盤旋在孩子頭上。一點一點放開對孩子的控制，激發孩子的自我控制、自我管理能力，以及應對危險的能力。

如此，在孩子的獨立生存能力得到提升的同時，媽媽的雙手和大腦也得到了釋放，也能騰出更多的時間來做自己。

03 做好時間管理，當個輕鬆媽媽

把一些屬於孩子該做的事交給孩子，將老公、婆婆能幫忙的事授權給他們，重新整理一下妳的時間，妳會發現妳賺到了，同樣的一天 24 小時裡面，平白又多出了屬於自己的那麼一兩個積木時間。

接下來，構思時間安排。不能把騰出的時間放任自流，是時候犒勞一下自己，用這點時間做一些能讓自己身心愉悅的事情了！

先愉悅自己，再惠及身邊人。這是大原則。自己身心俱疲，沒有辦法控制情緒，老公、孩子都會遠離妳。只有自己不累，身心舒暢、充滿正能量，身邊人才願意親近妳，才會有好的親密關係。

搭建時間資源，能用機器代勞就別勞累自己，例如拖地、洗碗，這些機器人都可以做。想要省時省力，有錢就用錢解決，購買智慧型家電。沒錢就求助家人，別一個人強撐，拚死拚活地做會心生怨念，惹人厭。學會示弱，請求婆婆、老公和孩子支援，既能為自己節省時間，還有利於增進家庭成員之間情感。

最後，調整適應需求。圍繞妳現階段的大目標，除了不可變動的固定時間，比如 8 小時的工作時間，盡可能最大程度統籌好妳所有的可變時間，調整好可變時間的結構，把每一塊屬於妳的時間積木圍繞著妳的大目標搭建好，其他的就交給時間。

做好時間管理，重組一套屬於自己的時間管理體系，堅持下去，當個輕鬆媽媽不成問題。

希望每個媽媽都可以透過使用積木定製時間管理法來成為一個輕鬆媽媽。

小問卷

- ◆ 妳覺得積木定製時間管理法能幫助妳改變妳的時間管理現狀嗎？
- ◆ 妳透過積木定製時間管理法替妳自己找出了幾個積木塊？
- ◆ 妳準備用這些新的積木塊做什麼呢？

本章小工具

請見圖 5（耶魯大學「情緒晴雨表」）。

左上表示不開心並且活力滿滿，左下表示心情欠佳並且沒有活力，右下表示感到開心但是缺乏動力，而右上則表示開心且充滿能量。

在家裡顯眼的位置放置這張晴雨表，準備好足夠的貼畫，家庭成員可以根據自己當時的心情將貼畫放置在回應的區域。一旦孩子的貼畫出現在左下區域，就盡量不要去打擾他。

第六章

定製妳的「積木 one」

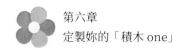
第一節
把計畫落實到每一天

相信大部分職場媽媽對初入職場時的那種忙亂不堪，以及彷徨無助的情景都還記憶猶新。連「印一份文件」、「發個傳真」這樣最簡單的工作也不會做，什麼都要問、什麼都要跟人學，沮喪時甚至開始懷疑：自己在學校學習了那麼多年，是不是都沒用？

每天把自己弄得跟個無頭蒼蠅似的，東撞一頭、西撞一頭，光忙一些瑣事就把自己累得暈頭轉向，臨下班時一查看待辦事項，發現還有重要的工作任務沒完成……後來，我們慢慢學會了制定工作計畫，日計畫、週計畫、月度總結以及季度計畫、年計畫……

我們學會了「要事第一」，優先「重要且緊急」的工作，然後是「重要不緊急」的，再後是「緊急不重要」，最

後才做那些「既不重要又不急」的工作。這樣有了計畫、又有了指導方針，我們逐漸走出了慌亂、焦躁的實習期，正式成為有條不紊的組織一員。

01 道理都知道，就是沒行動

不論是在工作崗位，還是在家帶孩子，都要奉行「要事第一」原則，同時，要有時間感。比如：上班時就專心工作，別老掛念著孩子今天在幼稚園裡怎麼樣了？趁上廁所的功夫跟幼稚園老師通電話，翻翻班級群組什麼的。這樣做一是打亂了緊張的工作節奏，因分心會影響工作效率，無形中浪費時間。

如果 8 小時工作時間內如果完不成工作，臨下班時就會焦慮，眼看著工作做不完要加班，還惦記幼稚園裡延托班的孩子沒人管……惡性循環。接了孩子回家後，因為未完成的工作，還會影響陪孩子的品質。在上班時家裡電話不斷，在家時客戶和主管的電話又沒完，這是最差的工作和生活表現！怎麼辦？

不要做一個嘴巴上「好的，知道」，行為上卻一成不變之人。學習一個心理學名詞 —— 前攝行為，它的英文是 Pro-active Behavior，就是遭遇困境時，反過來控制局面，而不被局面所牽制。明知道上班不專心會對及時下班有影響，那麼先行一步，採取具有前瞻性的行為，使得局面被控制在自己手裡。

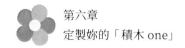
　　比如：上班期間不滑手機，全心全意投入工作，並讓妳的主管和客戶知道妳的工作習慣：上班期間隨時待命，有事請說話！下班後要陪孩子，很難聯繫，有臨時工作安排，也不保證能及時完成。留好屬於自己的那一塊積木，不管是工作、還是家庭生活都別想占用。

02 該做都做了，還是沒完成

　　某部電視劇裡有一個場景：士兵小許表現突出，被團長叫去辦公室談話，小許看見櫥櫃裡有一輛戰車模型，他很喜歡便一直盯著看。團長問小許：「你想要嗎？」小許連連點頭。團長又問小許，「『想要』和『得到』之間還差著兩個字，你知道是什麼嗎？」小許搖搖頭，團長告訴他：「是『做到』。」

　　「知道」與「得到」之間也差著一個「做到」。

　　光說不練，裝腔作勢，有了計畫和方法，一定要嚴格執行！道理不難懂，關鍵在執行。言必行，行必果！不論是在單位還是在家，都要說話算話。說好了不加班的，臨下班主管安排工作，「sorry」拒絕他！說好了非上班時間要帶小孩的，客戶來電話，簡短聽一下，回覆他明天上班第一時間打給他！掛掉電話。

　　說好了晚飯後一小時留給自己的，但是「豬隊友」早

已戴上耳麥、坐在電腦前開啟了他的遊戲之旅，走過去溫柔地摘下他的耳麥，輕聲提醒他：親子時間到！然後把孩子抱給他，自己該做什麼做什麼，hold 住屬於自己的那塊「小積木」。定製自己的「積木 one」，把計畫落到實處，雷打不動日復一日去堅守，長此以往，身邊人都會來適應妳的時間節奏！

03 障礙那麼多，妳該怎麼破

不要動不動就拿「忙」來說事，也不要說自己沒時間。

《吉田醫生哈佛求學記》的主角吉田醫生，在撫養 3 個孩子還要上班的情況下，成功考取哈佛大學研究生。關於沒時間這件事，她在書中是這麼說的：

「是『沒時間』讓我無所不能，越是不能做的時候，越想做這做那！讓這股幹勁溜走實在可惜，沒有時間，也許正是開始做什麼的機會！」

想一想這種感覺妳是不是也很熟悉：一項任務給的時間越是充足，越拖著不想開始，而一旦逼近 deadline，反而做得十分順手，而且絲毫不影響完成品質。所以，逼一逼自己，妳可以跳得更高。

「時間少，任務多」並非壞事，積木塊不在於多，而在

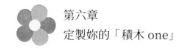
於妳怎麼搭。吉田醫生提出，要善於利用「只有這麼點時間」的緊迫感。孩子睡了，抓緊時間辦正事，即使沒一會兒孩子又醒了，也別氣惱，起碼妳已經開始了。

吉田在她的書中也提及了做事總是被孩子打斷的問題，每當面對類似的情況時，她就會開導自己，即使被孩子打斷了正在做的事情，也比一點都沒做要好，起碼還完成了一點呢！

既然做媽媽的本來就沒什麼大塊時間可用，那就盡可能利用好所有碎片時間。像拼積木那樣，一塊一塊疊起來，以數量的累積達到品質的提升。

此外，要學會多工平行作業，而不是單一任務操作。要學會統籌，要 or 不要。吉田就是故意把「懷第三胎」和「去哈佛留學」這兩件事安排在一起做的，她說這樣做的好處是剛好可以利用育兒假的時間去留學。吉田講：

「同時實現多個事情，乍一看也許覺得很困難，但出乎意料的是，比起一個一個單獨完成，往往正因為同時做了，才都完成了。」

不要低估自己的能力！最後，每天睡覺前，花上 5 分鐘來個小復盤。還記得我在前面講過，連續一週，記錄下每天每個時間顆粒自己都做了什麼嗎？復盤的時候，拿出來對照

一下，看看自己當天完成的任務跟自己設定的大目標相不
相符。

小練習：時間復盤表

表 8　時間復盤表

大目標	復盤	備注
專心工作 8 小時	√	
午休 2 小時		0.5 小時留給自己的小積木
交通 2 小時		塞車 2 小時 10 分鐘
接送孩子 1 小時	√	
陪孩子閱讀、遊戲 1 小時	√	
和老公聊天 0.5 小時	√	
做早、晚飯 1.5 小時	√	
睡覺 6 小時	√	
給自己 1 小時		睡前 0.5 小時
浮動時間 1 小時		

備注：以上時間復盤表可以按照自己的實際情況自行刪減項目，前提是要留出自己的「積木 one」，然後，別安排得太滿，否則，很難執行。每天一睜眼就按照大計畫執行，睡前再來個小復盤檢視一下，就清楚妳的時間都去哪了。

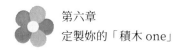
<h1 style="text-align:center">第二節</h1>

—— 自律讓時間更有價值 ——

01 不輕視我們生活中的任何一段時間

　　時間猶如積木，填補我們生命中的一個個空白，讓我們在這一段段光陰裡，自我修練並成為更好的自己。初時，我們總以為會有大把時間的，所以我們去揮霍、去虛度，在有限的時間裡去發散我們無限的熱情和精力。

　　而那一塊塊積木則堆了一地，我們想起它時，便去隨意地擺弄兩塊，想不起就讓它獨自躺在那裡。到了該立業的年紀，我們才驚覺那一地的碎積木，已經搭建不起一幢大樓。時間就這麼溜走了，不與妳告辭，不讓妳送別，甚至妳想挽留它一下，都不給妳機會。過去的幾十年，妳把自己搭建成了什麼模樣？

都說時間是金錢，事實上時間遠比金錢珍貴得多。時間不可逆轉，不能儲存，而且每日清零。金錢買不回逝去的時間。天才、傻瓜、無賴，每個人都擁有一天 24 個小時，看上去很公平。但是每個人的時間用在哪裡，卻天差地別，人們所擁有的健康、財富和尊重都取決於怎樣利用時間。

許多人上班隨意應付，下班後也沒有動力，捧著手機草草結束一天。殊不知，上班的八小時只占據一天的三分之一。除去睡覺的八個小時，還有八個小時可以讀書、運動，投身藝術和自己其他感興趣的事物。

比如著名的文學家魯迅非常珍惜時間，他曾有一段名言：時間就是生命，無端的空耗別人的時間，其實無異於謀財害命。

於是每一段時間都成了他生命的饋贈，別人喝咖啡的時間、談天說地的時間，他都用來努力工作和學習。怕自己不夠努力，他還以各種方式來激勵自己，他在北京的臥室裡掛著一副對聯，上面書寫了屈原的兩句詩，上聯是「望崦嵫而勿迫」，下聯為「恐鵜鴂之先鳴」。意思是，看見太陽落山了心裡非常焦急，怕的是一年又去，報春的杜鵑又早早啼叫。

正因為不輕視每一段時間，魯迅在他 55 年的生命旅途中，廣泛涉獵自然、社會科學的許多領域，一生著譯一千多萬字，留給後人一份寶貴的文化遺產。

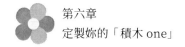

02 時間才是小魔女

　　小的時候，總是非常羨慕卡通裡的小魔女。只要默唸咒語，就能變身為妳想要成為的人。童話是對生活的美好期待，在現實中唯有善用時間，才能變成自己想要的模樣。時間才是真正的小魔女。

　　曾經有人做了這樣一個統計：如果按照一個人 72 歲計算的話，那麼一生中睡覺占了 20 年，吃飯 6 年，生病 2 年，文化活動 8 年，工作 14 年，而閒暇活動有 22 年。那些不起眼的閒暇時間，其實占據了一個人生命的很大一部分。

　　胡適先生曾說「閒暇定終生」：當你用你的閒暇時間用來打麻將，你就成了賭徒；如果用來做社會服務，你也許成個社會改革者；如果去研究歷史，你也許就成了史學家。成就再大的人，也是從一件件小事，一天又一天累積起來的。

　　一個人如何利用閒暇時間，就是他所擁有的最大魔法，也決定了他的未來。胡適先生就是自己這番話的踐行者，每當他有了閒置時間，就會去思索如何讓普通大眾聽得懂自己的課，並且不斷地嘗試，尋找不同的方法測試白話文的推行效果。於是，當人們還在閒聊時，他已經讓白話文占領了中國文壇，成了新文化運動的先驅者，成就了一番偉業。

03 又忙又美的女人都自律

看過楊麗萍孔雀舞的觀眾，一定會被她曼妙的舞姿所打動。作為一個游離在大眾視野外、德高望重的藝術家，楊麗萍的每次出現給人的印象都是顛覆性的。她的人生和她的舞蹈一樣，充滿著剛柔並濟的爆發力，以及原始生命的蓬勃美感。

楊麗萍身上永遠帶著不可言喻的仙氣，在這充滿美感的舞蹈和身姿背後，是日復一日的磨練和付出。楊麗萍的食譜極其簡單，每天幾片餅乾加一點水果，到了表演那天，更是完全不吃：「因為胃鼓鼓的，會不好看。」而在她口中的盛宴，有時就是一個蘋果，甚至是一朵玫瑰花。

她為舞蹈而生，她為了做好這一件事，卻用了一輩子。2012 年中國春晚《雀之戀》這個舞蹈，雖然只有短短的 5 分鐘，但是她卻為此準備了數月，嚴苛細緻到了每一個細節，甚至是一個微表情。每一次的排練，都要十個小時，如此高強度的訓練，連年輕舞者都難以承受，但是時年 54 歲的楊麗萍卻堅持到了極致。再過幾年，我們仍會感嘆於自律帶給她的美。

不同於楊麗萍的以舞動人，董卿以文醉心。早前的《中國詩詞大會》，她與教授文人們對話時，信手拈來的詩詞就見證了她龐大的文學儲備。哪怕和文學名家對話，她也能出口成

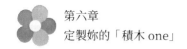

章，優雅從容。《環球人物》曾就董卿的閱讀習慣進行採訪，董卿說：「幾乎每天保持睡前一小時的閱讀，雷打不動。」

為了保持這個習慣，她的房間裡沒有手機、電腦等電子產品，只有書本，安靜看一個小時書，然後睡覺。董卿閱讀習慣的養成，起源於父親對她養成自律、頑強性格的教育要求。早在中學前，董卿就把《基督山恩仇記》、《紅樓夢》、《茶花女》等國內外名著變成腹中詩書。

二十年過去，她主持過很多節目，不論多忙、多累，不論節目是否在外景拍攝，她都保持一個小時的閱讀時間。數十年的堅持，讓她實現當初自己所說的：「讀過的書不會白讀，它會在未來日子的某一個場合幫助我表現更出色。」每天一小時的閱讀自律，讓董卿活成了她想要的樣子，又忙又美的女人果然都自律。

小練習：21 天自律計畫表

據研究，養成一個習慣需要 21 天。就是說，一個習慣的形成，一定是一種行為能夠持續一段時間。專業人員測算是 21 天。

下方是一張 21 天自律計畫表，讓我們跟著表一起努力，看看經過 21 天的堅持後，自己會發生什麼改變。放棄很簡單，但堅持很酷，自律，可以改變人生！

表 9　21 天自律計畫表

日期	Day1	Day2	Day3	Day4	……	Day21
7：00～8：00						
8：00～8：30						
8：30～9：00						
9：00～9：30						
9：30～10：00						
……						
22：00～22：30						
執行結果						

備注：空格裡填寫一天中的任務，每完成一個就在相應任務處打「√」確認。可以在每天早上、中午、晚上確認，睡前進行一天執行結果的復盤。填寫和復盤的最終目的，是透過直觀的方式，讓自己明白時間花在了哪裡以及完成了哪些目標，做到真正的自律。

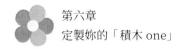
第三節

—————— 沒有對比就不能發現進步 ——————

01 圖圖的時間定製之路

　　圖圖是一位幼稚園孩子的媽媽，是我的一名線下課學員，從小就是「別人家」孩子。上學後圖圖一路從明星高中、國立頂大殺進了知名外企。事業做得風生水起不說，家裡也管理得井井有條：不僅孩子乖巧可愛，老公也受她影響積極上進，一家三口小日子過得熱氣騰騰的。

　　圖圖可以算我學員裡比較自律的一位，每天 7：30 起床，盥洗、替孩子做早餐、送孩子上學、通勤去公司；9：00 正式開始工作，中午午休 2 個小時，18：00 下班回家；20：00 叫孩子盥洗、哄孩子睡覺，22：00 上床滑滑社群網站，24 點準時睡覺。

就是這樣每天都嚴格卡點完成各種事宜的圖圖，前段時間也碰到了時間管理難題。

她說：「老師，我自認還算自律，我的時間利用率也還不錯。但我最近卻常常有心無力，尤其孩子放假後的這段時間，每次哄他睡覺都讓我很火大！不管吧，他會玩到很晚；管吧，家裡總是吵吵鬧鬧。我不過就是想每天能和他一起讀讀書、玩玩遊戲，過一段有意義的親子時光，就這麼難嗎？」

其實這不是難與不難的問題，而是圖圖的時間安排違背了我們「積木時間管理」的一個主要原則：「固定積木」和「可移動積木」使用完全沒有重點。

盤點：你有哪些時間資源？

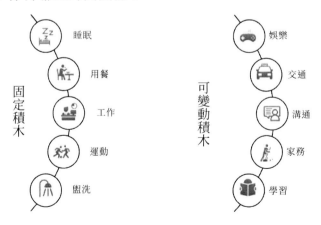

圖 6

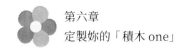
　　我們來盤點一下圖圖的目標：她說她的目標就是在孩子小的時候多陪伴，養成自己孩子良好的習慣，並希望每天能抽出 2 個半小時來和孩子互動。

　　「積木時間管理法則」我們提倡，一段時間內最好只確立 1 個、最多 2 個目標。因為目標一旦超量，就很有可能影響到每一個目標的完成度。圖圖在目標選擇這一塊做的還是相當不錯的，她的目標很單一，希望每天能抽出 5 個積木時間來和孩子互動，下面我們就透過整理圖圖的「固定積木」和「可移動積木」來幫圖圖做一次時間管理操作。

02 盤活固定積木，讓時間「變」多

學員圖圖時間定製之路（before）

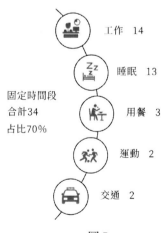

圖 7

從上圖我們就能看到，圖圖的固定積木有 34 個，占了她所有時間積木的 70%，是她一天時間的大頭，如果我們能從固定時間中擠出一些時間，這將會對圖圖想要的 5 個積木時間產生關鍵性作用。

透過盤點，我發現圖圖可以透過以下三個方面來提升她的固定時間積木利用率：

◆ **第一，工作提升效率，午休後的上班前半小時可以滑手機**

透過了解我們發現，圖圖上班時很容易被網頁上一些廣告吸引，導致浪費了時間不說，還降低了工作品質，多次被主管責備。所以我建議她：上班時如非必要不要打開網頁，想盡一切辦法提升工作效率。

同時為了保證圖圖晚上睡眠時間，我特意減少了她的午休時間。研究發現，午休並不像晚上睡覺那樣需要長時間深度睡眠，事實上半小時午休時間已足夠了。所以我故意把她看手機的時間擠到午休後半小時。一來剛午休人還處在一種倦怠期，二來給晚上不能滑手機做準備。

◆ **第二，洗漱的時候，聽一些親子教育類的課程或者有趣的兒童故事等**

圖圖的主要訴求是要增加和孩子的互動機會，那麼學習如何與孩子相處就顯得尤為重要。所以我會特意安排一些「固定積木」輔助她學習。

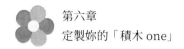

◆ 第三，睡眠時間調整前置 1 小時，孩子睡覺後洗澡，看半小時書後睡覺

提高工作效率的一個重要環節就是要保證充足的睡眠時長，所以我特意將圖圖的睡眠時間提前了一個小時。這樣一來就能確保她第二天以最飽滿的精神面對工作，不僅如此，這樣的規劃還能改掉圖圖長期熬夜滑手機的壞習慣。

學員圖圖時間定製之路（after）

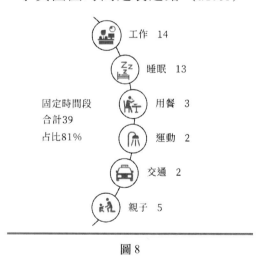

工作　14

睡眠　13

固定時間段
合計39
占比81%

用餐　3

運動　2

交通　2

親子　5

圖 8

透過這樣一個整體調整，妳會發現圖圖的「固定積木」竟然從 34 漲到了 39 個，總時間占比從以前的 70％提升到 81％。

03 優化可移動積木，聚焦主要事情

上面我們調整了圖圖大塊的固定積木時間，接下來我們將爭對圖圖的「可移動積木」再來做一次優化。

學員圖圖時間定製之路（before）

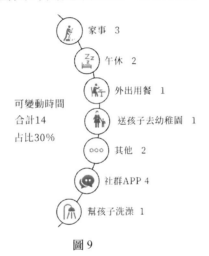

可變動時間
合計14
占比30%

圖9

首先，圖圖最大的可變動的時間是晚上 22：00 以後滑社群 APP 那段時間，雖然使用社群 APP 很消耗時間，但不用又怕與現代社會脫節。所以結合前面的「固定積木」，特意將滑手機這段時間調整到了午休間隙。

其次，我建議圖圖可以適當減少家務時間，比如：早餐可以用簡易的食材，或者前一天晚上準備好第二天的材料，早上只需簡單烹飪一下即可。再比如：家務完全可以外包，

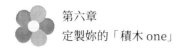
當然我們這裡的外包不一定非要妳去找一個需要付費的鐘點工阿姨，家裡老人、妳老公都是可外包家務的對象。這樣一來家務這塊就至少能多出一小時來。

最後，還有一些其他的時間，比如吃飯間隙、上班通勤間隙等，這種碎片化時間完全可以了解一下最熱門的親子活動，或者給孩子選選繪本、書籍；再比如：以前用來環境整潔的時間，我們完全可以用來做親子運動或媽媽們自己鍛鍊。畢竟帶孩子是一件非常消耗體力的過程，媽媽們也要保持一個強壯的身體。

學員圖圖時間定製之路（after）

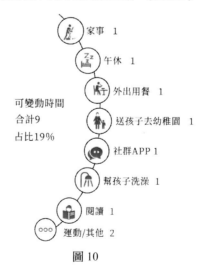

可變動時間
合計9
占比19%

家事 1
午休 1
外出用餐 1
送孩子去幼稚園 1
社群APP 1
幫孩子洗澡 1
閱讀 1
運動/其他 2

圖 10

可以看到，我們「移動積木」的優化，其實還是圍繞著圖圖的那個主要大目標進行的。利用「移動積木」時間去做親子運動、學習育兒知識、為孩子準備知識儲備等等，這些動作唯一的目的就是為了擠出 5 個積木時間。

04 新的時間方案實現了目標

在一次分享中，也非常有幸請圖圖來到了現場，當時她是這麼說的：

現在回過頭來看，以前的生活確實太凌亂了，每天都被一堆事情推著走。我諮詢了江嵐老師，並透過兩個月的反思、整理了自己的「固定積木」和「可變積木」，結合江嵐老師提出的建議，我現在已經把孩子早上起床到出門這段時間外包給奶奶了。我呢，一邊刷牙一邊學習，等我們吃早飯時，我還會給孩子放一些單字聽聽，順便練練聽力。

由於我上班的地方離孩子幼稚園比較近，我們每天還會一起出門，在路上要麼講故事給孩子聽，要麼聽孩子說她的那些小祕密，現在感覺每天送孩子的時光都好短暫。

到公司後，除非必要我一般不會打開社群 APP，甚至剛開始學習時間管理的那段時間我把某些 APP 卸載了。但由於我是設計工作，所以當我自認為可以控制自己時，又默默把 APP 裝了回來。不過現在來看，除了工作需要我幾乎不會打

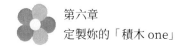

開它們，如果實在心癢，我就去搜幾部親子影片看看，晚上
回家就和孩子一起做，這樣也會減少很多罪惡感。

　　而且透過這段時間的堅持，我現在每天工作都會給自己
定明確的目標，這種方式讓我的工作效率直線提升，幾乎每
天都能提前一小時完成當日工作，這樣我又多出一小時來讀
書。總之，我對自己現在的生活方式很滿意，所以非常感謝
江嵐老師，也希望你們透過今天的課程，能和我一樣重新做
時間的主人。謝謝！

　　圖圖那次分享時的狀態，和第一次尋求幫助時完全不一
樣，那天在臺上侃侃而談的她眼裡有光，我知道她已將掌握
「積木時間管理」的要點。時間這個奇妙的東西，用不好會
讓妳一地雞毛，用好了完全加持妳的人生，而且用好時間也
只需要那麼一點點方法而已，所以我們何樂而不為呢？

第四節

—— 定製妳的時間，成為更好的自己 ——

在之前的章節裡，我們已經了解了積木管理法的精髓，如何保留大塊的積木做重要的事，如何把零碎的任務用小塊的積木來搞定。是媽媽們在實際生活中需要學習、摸索的。

接下來我們會提供一些實際案例，供大家參考，看看這些優秀的學員媽媽是如何處理時間積木，做到成長和育兒兩不誤的。

案例 1：有個超級黏人寶寶的小 A 媽媽的定製時間方案

學員小 A，有一個 2 歲的女兒妙妙。妙妙從小就是一個高需求寶寶，哭的時間比別的寶寶多，也比別的寶寶更黏媽媽。小 A 有一份朝九晚六的工作，白天由婆婆幫忙帶寶寶。只要小 A 一下班，妙妙就恨不得掛在小 A 身上，再也不要奶奶了。

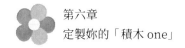

　　小 A 的主要問題是寶寶太黏人，造成下班以後沒有自己的休閒時間。她想考會計師證照，卻苦於妙妙每分每秒都不肯和媽媽分開，嚴重影響了她的複習進度。

　　經過認真地學習積木時間法，在江嵐老師的指導下，小 A 對時間方案做了如下調整：

- 小 A 每天有一個半小時的上下班通勤時間，這段時間她可以下載一些音訊課程，或者把一些重要的概念錄製成音訊，上下班通勤時間聽，這樣每天就有三個積木顆粒的時間可以用來進行碎片化學習。

- 下班回來後先花 2 個積木顆粒的時長，對妙妙進行高效陪伴。這段時間裡小 A 什麼都不做，就專心地陪妙妙。頭 10 分鐘跟妙妙交流一下白天發生了什麼事。中間抽出 30 分鐘進行親子遊戲（活動內容參見第五章）。最後 20 分鐘進行親子閱讀。

- 由於小 A 一下班就陪妙妙，沒有時間做飯，可以由婆婆或者鐘點工幫忙做飯，讓小 A 有更多的時間陪伴妙妙。

- 吃過飯，可以讓妙妙和爺爺奶奶一起去廣場散步。小 A 的婆婆本來就有吃過飯散步的習慣，這樣可以騰出 40 分鐘至 1 小時讓小 A 複習。由於這個時間顆粒長度並不固定，小 A 可以利用這段時間對之前錯的題進行複習。

- 妙妙散步回來，由小 A 抽一個積木時間顆粒陪妙妙洗澡，再抽 2 個積木時間顆粒哄妙妙入睡，跟妙妙講睡前故事。
- 妙妙 20：30 入睡之後，小 A 可以複習到 24 點，這段時間比較長，建議能進入心流狀態學習。

案例 2：身兼多職女強人小 B 媽媽的定製時間方案

學員小 B 是一家上市公司的財務總監，平時工作非常忙，經常要加班，偶爾還要出差。小 B 有一個讀 2 年級的兒子可哥，可哥成績在班上屬於中等，週末有上補習班。

小 B 的問題在於工作的時間太長，陪伴孩子的時間太短。在經過積木管理法的學習實踐後，江嵐老師和她共同制定了新的時間管理方案：

- 每天 6：30 起床，提前一天買好麵包、牛奶這樣不需要加工的早點。保證每天跟可哥一起享用早餐，耗時一個時間積木顆粒。早餐時間是母子倆雷打不動的交流時間，小 B 可以關心一下可哥在學校裡有沒有什麼特別的事，有沒有需要媽媽幫助的地方。
- 可哥的學校離小 B 家很近，小 B 每天步行送可哥上學後再開車去自己公司。從家到學校步行大概 15 分鐘，小 B 可以利用這個時間和可哥每天背一首古詩。

- 家務盡量外包給家政阿姨，這樣小 B 的老公可以騰出時間輔導可哥學習。週末由小 B 的老公送可哥去興趣班。小 B 週末在家的時間盡量一家三口安排外出的親子活動。

- 小 B 出差期間每天跟可哥進行至少一個積木顆粒的視訊通話，了解一下可哥的生活和課業狀況。

案例 3：獨自帶娃的小 C 媽媽的定製時間方案

學員小 C 的女兒天天剛剛一歲半，由於小 C 的媽媽要幫她弟弟帶孩子，婆婆身體又不好，小 C 只能全職在家帶寶寶。

小 C 家條件比較普通，請不了家政人員，她還想騰出時間透過投稿賺取稿費，以貼補家用。

透過學習積木時間管理法，小 C 對自己的時間進行了重新規劃：

- 一歲半的寶寶上午、下午各睡一覺。上午寶寶睡覺的時候，小 C 盡量把洗衣服、做飯、做輔食、拖地等家事都做好。小 C 家一天只做一頓飯。早點去樓下買包子和豆漿，午飯量做得多一些，分出一些她中午吃，晚飯熱熱中午留出來的飯。天天的輔食以製作簡單的南瓜粥為主，小 C 做飯的時候也會盡量做一些少油少鹽、寶寶能吃的食物，最大限度節省做家事的時間。

- 下午寶寶睡覺的時候比較長，大約有 3 個積木顆粒，小 C 可以利用這段時間寫出一篇稿子。

- 老公下班回來吃過飯後，小 C 讓老公陪天天進行一個小時親子時間。由於這個時間可能被打擾，小 C 可以利用這個時間修改稿子，這不像寫稿那樣需要高度專注。

- 寶寶睡覺以後，小 C 還可以利用「睡後時間」再寫一篇稿。

案例 4：自由職業的小 D 媽媽的定製時間方案

學員小 D 媽媽是一名設計師，她的情況跟小 C 媽媽有點像。孩子比較小。但是好在她有媽媽可以幫忙，還有家政阿姨每天會來做飯。

小 D 媽媽的問題是工作的時候經常被寶寶打斷，她的工作電腦又是桌上型電腦，不方便帶出去。

經過積木時間管理法的學習，江嵐老師給出了如下建議：

- 小 D 的寶寶作息適當進行調整，上午少睡一點，下午睡足 2.5～3 小時，這樣小 D 就可以長時間進行高效工作，盡快進入心流，抓緊時間工作。

- 替寶寶購買一張附近遊樂場的年卡，下午寶寶睡醒之後，由媽媽帶著寶寶去淘氣堡玩 2 個小時。這樣小 D 就有將近 5 個小時的專注工作時間。

○ 晚上主要由小 D 帶寶寶，為寶寶讀繪本，陪寶寶搭積木，拉進親子關係。

○ 寶寶入睡後，小 D 又有 3 個小時設計階段，如果有急件，還能熬夜趕工。

案例 5：二胎職場媽媽小 E 的定製時間方案

小 E 是個職場媽媽，家裡有兩個寶貝，大寶小學 3 年級，2 寶正在讀幼稚園中班。小 E 的婆婆會幫忙接送小寶。小 E 媽媽的問題是如何能讓小寶不打擾大寶學習，對兩個孩子都能進行高品質的陪伴。

經過江嵐老師的指導，小 E 的時間方案調整如下：

○ 替大寶報一個安親班，盡量讓他能在晚飯前做完作業。小 E 下班回家先專心陪小寶玩 2 個積木時間。

○ 接大寶回家吃過飯後，讓婆婆幫忙帶小寶去社區散步，這樣小 E 可以有時間輔導大寶功課。

○ 小寶入睡後，再單獨為大寶整理一下一天的功課，聽他訴說內心話。這樣兩個孩子都可以兼顧到。

透過參考這 5 個案例，我們可以發現，每個人的具體情況都有所不同，只要根據本書的指導去做，總能找到適合自己的時間定製方案。

小練習：我的專屬定製方案

Step1：列出妳目前的主要問題，妳目前的時間管理方案有哪些問題，不滿足哪些需求。

Step2：找出可以調整的積木時間塊。

Step3：根據妳的需求逐步調整。找到讓自己最舒服，同時又能滿足需求的時間管理方案。

本章小工具

讓我們來總結一下，本章使用到的幾個小工具：

時間復盤表

時間復盤表我們建議每天睡前抽出 5 分鐘時間，復盤當天的「積木 one」，同時建議各位能再花 10 分鐘時間制定一下第二天的計畫表，規劃好自己的「大積木」和「小積木」。

21 天自律計畫表

研究發現一個習慣需要 21 天就能初步養成，培養新習慣時，我們不妨建立一張「21 天自律表」，每天安排好自己的新習慣積木時間，比如：每天安排 22：00 ～ 22：30 這一塊積木為閱讀時間，那麼就每天根據表格記錄完成情況，堅持 21 天妳會發現自己將越來越自律。

電子書購買

爽讀 APP

國家圖書館出版品預行編目資料

積木定製時間管理法，把「消失的人生」還給媽媽：善用科技思維、細化大目標、擺脫「育兒依賴」，別凡事都往自己身上攬，孩子和事業可以不兩難！ / 江嵐，韓老白 著 . -- 第一版 . -- 臺北市：崧燁文化事業有限公司, 2024.06
面；　公分
POD 版
ISBN 978-626-394-424-4(平裝)
1.CST: 母親 2.CST: 時間管理 3.CST: 生活指導
177.2　　　113008178

積木定製時間管理法，把「消失的人生」還給媽媽：善用科技思維、細化大目標、擺脫「育兒依賴」，別凡事都往自己身上攬，孩子和事業可以不兩難！

臉書

作　　　者：江嵐，韓老白
責 任 編 輯：高惠娟
發 行 人：黃振庭
出 版 者：崧燁文化事業有限公司
發 行 者：崧燁文化事業有限公司
E - m a i l：sonbookservice@gmail.com
粉 絲 頁：https://www.facebook.com/sonbookss/
網　　　址：https://sonbook.net/
地　　　址：台北市中正區重慶南路一段 61 號 8 樓
8F., No.61, Sec. 1, Chongqing S. Rd., Zhongzheng Dist., Taipei City 100, Taiwan
電　　　話：(02) 2370-3310　　　傳　　真：(02) 2388-1990
印　　　刷：京峯數位服務有限公司
律 師 顧 問：廣華律師事務所 張珮琦律師

定　　　價：299 元
發行日期：2024 年 06 月第一版
◎本書以 POD 印製
Design Assets from Freepik.com